www.tredition.de

Gerhard Hänggi

CYBER-Kriminalität

Die masslose Abzocke

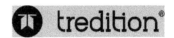

www.tredition.de

© 2018 Gerhard Hänggi

Verlag und Druck: tredition GmbH, Hamburg

ISBN
Paperback: 978-3-7469-8304-2
e-Book: 978-3-7469-8305-9

Gerhard Hänggi

CYBER - KRIMINALITÄT – die masslose Abzocke

Inhaltsverzeichnis

EINLEITUNG

Das Internet – weltumspannendes Informationssystem – dient in hervorragender Weise zum Informationsaustausch in Sekundenschnelle. Dass dort auch Schattenseiten sind ist leider unvermeidbar. Tausende von Internetnutzern missbrauchen dieses Kommunikationsinstrument für ihre kriminellen Zwecke. Die sog. Cyberkriminalität ist weltweit verbreitet.

Das schweizerische Bundesamt für Statistik beschreibt auf einer Internetseite, wie diese Art von Kriminalität bekämpft werden kann.

Bekämpfung Internetkriminalität

Mit der Verbreitung des Internets sind die Nutzerinnen und Nutzer zunehmend Internetkriminalität ausgesetzt: Hacking, Verbreitung von schädlicher Software, Betrug, Phishing, Kinderpornografie usw.

Zur angemessenen Bekämpfung dieser Gefahren bedarf es der Unterstützung aller Akteure. In diesem Zusammenhang zeigt der vorliegende Indikator die Zusammenarbeit und die Mobilisierung von Bevölkerung und Staat zur Bekämpfung der Internetkriminalität auf.

Der Indikator gibt keine Auskunft über die Zu- oder Abnahme der Internetkriminalität. Vielmehr informiert er über die Wahrnehmung bestimmter krimineller Handlungen durch die Bevölkerung

sowie über deren Bereitschaft, ihren Verdacht den Behörden zu melden.

Die Bandbreite illegaler Aktivitäten und Tatgelegenheiten im bzw. mittels des Internets ist groß und reicht von der Verbreitung von Kinderpornografie im Internet über "Phishing" persönlicher Zugangsdaten, Handel mit Waffen und Rauschgift bis hin zu Netzwerkeinbrüchen und DDoS-Attacken, der Verbreitung von Schadsoftware und Betrugshandlungen. Dies alles geschieht unter Nutzung von Clearnet/Visible Web, der dort existierenden Foren der Underground Economy, von Deep Web und Darknet.

Im Phänomenbereich Cybercrime ist – wie in kaum einem anderen Deliktbereich – eine kontinuierlich steigende Kriminalitätsentwicklung zu verzeichnen (siehe hierzu auch die **Lageberichte Cybercrime**).

Aus dem deutschen BKA – Bundeskriminalamt erfährt man folgendes zu diesem Thema:

Definition und Erscheinungsformen

Cybercrime umfasst die Straftaten, die sich gegen das Internet, Datennetze, informationstechnische Systeme oder deren Daten richten (Cybercrime im engeren Sinne) oder die mittels dieser Informationstechnik begangen werden.

Aktuell verbreitete Erscheinungsformen von Cybercrime sind gekennzeichnet durch die Infektion und Manipulation von Computersystemen mit Schadsoftware, z. B. um

- persönliche Daten und Zugangsberechtigungen des Nutzers abgreifen und missbräuchlich nutzen zu können (Identitätsdiebstahl)

- darauf befindliche Daten/Dateien des Nutzers mittels sog. Ransomware zu verschlüsseln, um "Lösegeld" zu erpressen

- sie "fernsteuern" zu können, in sog. Botnetzen zusammenzuschalten und für weitere kriminelle Handlungen einzusetzen.

Identitätsdiebstahl/Phishing

- Kommunikation (E-Mail- und Messengerdienste)

- E-Commerce (Onlinebanking, Onlinebrokerage, internetgestützte Vertriebsportale aller Art, z. B. Online-Händler, Reiseportale etc.)

- berufsspezifische Informationen (z. B. für den Online-Zugriff auf firmeninterne technische Ressourcen)

- E-Government (z. B. elektronische Steuererklärung)

- Cloud-Computing

- Kreditkartendaten

- Zahlungsadressen

- Ausweisdiebstahl

Einsatz von Schadsoftware

- Herunterladen infizierter Anhänge, die meist als Bestandteil Interesse weckender E-Mails übermittelt werden

- "Drive-by-Infection": Cyberkriminelle präparieren Webseiten im Internet, die Schadsoftware wird durch den Aufruf einer solchen präparierten Webseite automatisch heruntergeladen

- Verteilung über soziale Netzwerke, in denen infizierte Anhänge und entsprechende Links geteilt werden oder

- "Spear-Infection": Cyberkriminelle nehmen mittels persönlich adressierter Phishing- oder Infektionsmails gezielt zu bestimmten Personen Kontakt auf, um auf diesem Wege an Daten zu gelangen bzw. den Rechner des Opfers zu infizieren.

- Schadsoftware für mobile Endgeräte

- Datendiebstahl durch Sofia Engineering

- Versand persönlicher und vertrauenserweckender E-Mails mit der Aufforderung, aus bestimmten Gründen vertrauliche Informationen preiszugeben (z. B. Verifizierung des Online-Banking-Accounts)

- Gezielter Versand von E-Mails mit gefährlichen Anhängen an Personen, die zuvor beispielsweise über Informationen in sozialen Netzwerken als adäquates Ziel identifiziert wurden (z. B. Mitarbeiter aus Finanzabteilungen in Unternehmen, Sicherheitsberater, etc.)

- Angebot einer Telefonbetreuung zur Lösung eines vermeintlichen Computerproblems: führen die Opfer die vom Täter beschriebenen Maßnahmen am Rechner oder Netzwerk durch, kann verschiedenste Schadsoftware installiert werden.

- Anfertigung der Kopie eines vorhandenen Nutzer-Accounts in sozialen Netzwerken und Versand von vertrauenserweckenden Nachrichten an dessen Freunde, beispielsweise mit der Bitte um Kontaktaufnahme über eine separate E-Mail-Adresse oder Handynummer: beim Klick auf die Mailadresse wird dann z. B. Schadcode auf dem Rechner installiert, beim Versenden einer SMS an die Handynummer muss der Absender bezahlen (Bezahl-SMS)

- Digitale Erpressung

- Infizierung des Computers

- Massenhafte Fernsteuerung von Computern (Botnetze)

Mögliche Dimensionen des Phänomens

Laut einer 2017 veröffentlichten Studie des Digitalverbandes BITKOM ist jeder zweite deutsche Internetnutzer in den vorangegangenen 12 Monaten Opfer von Cybercrime geworden. In jedem zweiten Fall von Cybercrime ist ein mehr oder weniger grosser finanzieller Schaden entstanden.

Eine ebenfalls 2017 durchgeführte Studie des amerikanischen IT-Sicherheitsunternehmens Norton by Symantec bestätigt die hohe Betroffenheit deutscher Internetnutzer durch Cybercrime (38%). In Deutschland sei hierbei ein Schaden von 2,2 Mrd. Euro   entstanden.

Die Polizeiliche Kriminalstatistik zeigt zwar steigende Fallzahlen im Bereich Cybercrime auf, spiegelt die aufgeführten Untersuchungsergebnisse in diesem Phänomenbereich aber nicht annähernd wieder. Es muss bei der polizeilichen Betrachtung von Cybercrime von einem sehr großen Dunkelfeld ausgegangen werden. Das heißt, dass vermutlich nur ein kleiner Teil der Straftaten in diesem Bereich zur Anzeige gebracht wird bzw. der Polizei und/oder den Strafverfolgungsbehörden bekannt ist.

Bekämpfung von Cybercrime durch das BKA

Im Bundeskriminalamt wurden frühzeitig Einheiten aufgebaut, die sich mit den Erscheinungsformen von Cybercrime befassen.

Mit der Durchführung von Ermittlungsverfahren, der Koordinierung nationaler und internationaler Aktivitäten und der Analyse und Lagebeschreibung aktueller Cybercrime-

Phänomene ist im BKA die Gruppe SO 4 – Cybercrime der Abteilung Schwere und Organisierte Kriminalität befasst.

Innerhalb dieser Einheit befinden sich u. a. folgende Arbeitsbereiche:

Zentrale Ansprechstelle Cybercrime (ZAC)

Operative Auswertung Cybercrime

Wie dreist solche Fälle konzipiert werden und wie man dagegen vorgehen kann, wird in diesem Buch beschrieben. Alle dargestellten Fälle sind echt und deshalb auch mit den Absendernamen und Adressen dargestellt, wogegen die Opfer unter anderen Namen aufgeführt sind.

Kapitel 1
Die masslose Abzocke übers Internet

Seit die Menschen über die virtuelle Welt des Internet kommunizieren können, hat sich der Mensch den Freiräumen bemächtigt, die in der weitgehend ungeschützten elektronischen Netzstruktur genutzt werden können. Das Internet ist also Fluch und Segen zugleich.

Segen dann, wenn es darum geht, sich Informationen im Internet zu beschaffen oder sich selber in einer der sozialen Medien einzubringen. Auch der Konsum von Bildungsprogrammen erlangt eine immer grössere Bedeutung, gerade für Menschen, die von Bildungsstätten weit entfernt sind oder diese aus körperlichen Handicaps nur selten besuchen können.

Das Online Shopping ist ein weiterer Zweig der Internetanwendung, bei der Produkte und Dienstleistungen verglichen und gekauft werden können. Aus dieser Optik ist das Internet für die Menschen weltweit ein grosser Nutzenstifter und insofern ein Segen.

Doch wo Licht ist, fallen auch entsprechende Schatten. Was sicher niemand bei der Entwicklung dieses elektronischen Mediums gedacht hat, ist schlagartig eingetreten. Der Missbrauch des Internets mit all seinen Mängeln bezüglich Sicherheit. Kriminelle Einzelgänger und Gruppierungen haben sich die Mängel der Technologie zu Nutzen gemacht und bilden heute eine ernstzunehmende Gefahr für die Internetnutzer.

Viele Nutzer kennen die Machenschaften und Manipulationen zu wenig oder gar nicht. Deshalb soll dieses Buch einige wichtige signifikante Betrügereien offenlegen und damit die Nutzer zu höherer Achtsamkeit sensibilisieren. Die Beispiele sind ausnahmslos echt und unverfälscht. Dort wo Namen bereits in einschlägigen Webseiten wie z. B.419 scams aufgeführt sind, werden auch in den Beispielen diese Namen beibehalten.

Personen, die das Internet für kriminelle Zwecke missbrauchen, sind weltweit am Werk. Sie verfügen in der Regel über sehr gute Informatikkenntnisse und funktionieren entweder alleine oder in Gruppen und in ganzen Netzwerken. Sie sind Hacker mit profunden Kenntnissen in der Programmierung, insbesondere im Datentransfer von sensiblen Personendaten, wie etwa Bankdaten.

Viele Personen sind ausgesprochene Spezialisten in der Einrichtung von Webseiten für Fantasiefirmen. Ja, Sie haben richtig gelesen, Fantasiefirmen wie etwa Bankinstitute, die klingende Namen haben, einen perfekten Webauftritt verpasst bekommen und sogar den aktiven Zugang zu elektronischem Banking. Auf den ersten und sogar zweiten Blick ahnt der unbedarfte Laie gar nicht, dass er da in eine Abzockerfalle gerät, wenn er seine persönlichen Daten in solche Systeme einpflegt.

Besonders kritisch sind all jene Webseiten, die auf Anwaltskanzleien hinweisen, die es entweder gar nicht gibt oder die nur kleine Abweichungen zu existenten Kanzleien haben. Sie finden auf diesen Fakesites (gefälschte Webseiten) alle Informationen, die man von einer seriösen Kanzlei erwarten kann. Schon denken angesprochene Personen, es handle sich hier um eine seriöse Angelegenheit. Doch weit gefehlt, die Betrüger (auch Imposters, Fraudsters genannt) täuschen eine Sicherheit vor, die nur mit grossem zeitlichen und oft finanziellen Aufwand zu entlarven ist.

Sicher ist eigentlich nichts im Internet, ausser der Tatsache, dass die Unsicherheit immer parallel mitläuft. Das beginnt bereits bei der Einrichtung einer Mailadresse. Dazu muss man vor allem wissen, dass Mitarbeiter aus Firmen stets ihren Namen@Firmenname.com benutzen und niemals als offizielle Mailadresse Name@gmail.com oder eines anderen Providers benutzen.

Dies ist aber leider nur ein Hinweis, denn professionelle Betrüger schaffen es heute auch, originäre Mailadressen von Firmen zu verwenden. Sie kennen aus dem Darknet jene Provider, bei denen solche Mailadressen angemeldet werden können. Dann sieht ein Mail so aus, als käme es von einer offiziellen Stelle. Sicherheit schafft in diesem Fall nur die telefonische Abklärung bei der entsprechenden Firma, ob der Mitarbeiter bei dieser Firma arbeitet.

Die Cyberkriminalität konzentriert sich aber nicht nur auf das Internet. Die hochentwickelte digitale Technologie macht es möglich, alle Dokumente Millimeter genau zu fälschen und über Mails an Empfänger zu senden. Auch die Originale von Amtsstellen können gefälscht werden. Professionelle Betrügergruppen lassen sich von Mitarbeitenden in Organisationen Blankodokumente gegen eine kleine Bezahlung geben. In diese Originale tragen sie dann die gefälschten Daten ein und versehen das vermeintliche Original noch mit dem Stempel <Original>.

Der Handel mit falschen Identitäten ist vor allem aus dem Bereich der Partnersuche bekannt. Die virtuelle Dateneingabe lässt es eben zu, dass z. B. Fotos von Personen gar nicht die Person betreffen, die sich im Netz anbietet. Auch in der Cyberkriminalität ist der Umgang mit einer falschen Identität keine Ausnahme. Besonders dreiste Personen bedienen sich Fotos sehr ähnlich aussehender Personen, fälschen Pässe und kommen sogar zu Meetings mit dieser falschen Identität.

Vor einiger Zeit hatte man von der <Nigeria-Connection> gesprochen, also den kriminellen Gruppierungen, die sich vor allem in Nigeria etabliert hatten. Heute sind die kriminellen Netzwerke weltweit aktiv. Aus der Erfahrung zeigt sich, dass sie aus Zentren agieren, in denen sie kaum je eruiert und gefasst werden können. In 95% aller Anzeigen gegen sog. Fraudster ist die Polizei machtlos. Die heute wichtigsten Zentren sind London, Paris, Dubai, Lagos,

Accra, Abidjan, New York, Belgrad, Istanbul und Mailand.

Die masslose Abzocke nutzen vor allem gut informierte Betrüger, die entweder <Erbschaften>, <Bargeld Depots>, <Vermögensverwaltungsaufträge> oder <Schenkungen> anbieten. An sich gibt es alle diese Angebote als echte Geschäfte. Die Schwierigkeit zu eruieren, was echt und gefälscht ist, liegt in der detaillierten Abklärung der Sachverhalte. Mögen die Beispiele dazu beitragen, Betrugsversuche in Zukunft besser und schneller zu erkennen.

Art Scams informiert im Intenet über die verschiedenen Arten von Betrügereien. Diese Informationen werden als Originaltext in englischer Sprache wiedergegeben.

Have you recently received an email from someone who says that their wife saw your artwork online and fell in love with it instantly? Or someone who would like to purchase your artwork immediately? Or maybe an artist's agent wants to show your work at a pres tigious artfair? Feels great, right? Of course, but how do you tell if it's real or an art scam?

The trouble with art scams that begin like this is that they are based on something you would like to be lieve. By the time you've exchanged a few emails, you feel as if you know the 'person' you're com municating with – they will often include personal details about themselves or their families – and natu rally, you are inclined to respond positively to some one who is praising your work.

The advice that is often given is simply to remember that 'if it looks too good to be true, it usually is.' But while that is a good rule of thumb, it's not enough to protect   you if you're an artist – because, after all, there are times when something that seems too good to be true really does happen to an artist, and you may well have experienced this yourself. Per haps a collector you have never had contact with be fore happened to   attend the opening reception of an exhibition of your art, and instantly decided that he had found what he was looking for and bought four pieces. Or you were giving a demonstration of live painting at an art auction and one of the people you got chatting to during the process turned into a collector of your work and an advocate for your crea tions. These things do happen – and you certainly don't want to repulse a genuine expression of inter est. So, what can

Why Do Scammers Target Artists at All?

Well, why not? Artists are good targets – they are fa miliar with the need to ship their work, sometimes to collectors who might be anywhere in the world. They're invested in their creations, so they're suscep tible to the cham of the idea that a stranger fell in love with their work on sight. And scammers may be lieve that artists are less likely to be aware of the dan gers presented by the sorts of art scams they depend on. You want to make sure that you don' fall into that

category. Be aware of the possibility, be skep   ticcal
–   be careful.

Types of Art Scams

Although the most common intention behind an art scam is money, there are other components, like your personal information and artwork images, that a scam mer can take advantage of. Here is a list of the types of scams that have come to our attention.

Pay Shipping Payment Upfront

Sometimes, art scammers that show a keen interest in your works   may ask you to transfer them the ship ping cost first before they can transact the full amount to you. They may even ask you to ship the artwork be fore making any payment. Never give in to such re quests. If the person is genuinely interested in purchas ing your work, he or she will most likely know how to go about it and will never make such an unreasona ble request.

If you still think that the person might be genuine, con sider asking for a partial payment at least before ship ping your artwork. However, if the person asks you to pay the shipping cost upfront, do not that it could not be anything other than a scam to extort   money   from you.

Overpayment by the Scammer

A very common example is when the 'customer' over pays and asks you to send the extra amount to their shipping company, using the details they have sent you. You   send the money on – from your own bank account – and only discover a week or two later that the cashier's check you had received from the 'customer' is not genuine.

How can this happen? Won't the bank protect you from this art scam? Probably not. Most banks are willing to proceed with checks provided that the customer has a balance in their account that is able to cover the check. If the check bounces, they just re verse   the   transact tion – leaving the customer responsible for any nega tive balance. It can take up to three weeks to clear a cashier's check, which the scammer is betting   will be long enough for them to persuade you to send them the 'shipping' money they 'over paid'.

Be aware to never accept overpayments. Request the person to carry out the transact   tion   themselves or wait for the payment to be cleared.

Phishing Scams / Art Fair Participation and Promotion Scam

As an artist, you are always looking for a new, some times original place to show your work. This is why you should always search for options and keep an eye on opportuni ties. When an invitation to participate in an art fair or in a group exhibition knocks on your door, you should always make sure it is legit and makes sense. Participation in any of the major art fairs usually costs thousands of dollars and requires an ap plication process. If you are approached by some one who is offering this to you for very low fees and immediately tells you that you have been accepted, it should raise a red flag!

Before accepting an offer, make sure to do a thorough research about the organization. Your checklist should at least include the following basic information:

- Disregard any email that comes from private email accounts such as Yahoo or Gmail. Professional companies must have their own domain names.

- Check the domain registration by doing a WHOIS Search – if the owner of the domain is hidden and there is no clear contact information that is a clear sign of warning

- Research the web and social media for reviews from other users

- Make sure the company has a physical address and a contact person

- Search for the contact person's name and see what you can find about that person

How to Recognize An Art Scam?

Scamming emails in the past would often be vague or get important details wrong, thereby making them easily recognizable. The idea was to be able to send the same email to thousands of artists – so a photographer might be approached about a painting or a sculptor baffled by references to their canvases. But the emails have become more sophisticated over time, and now it is common for the scammer to quickly fill in the 'gaps' in his email with accurate information about your website or your artworks. However, don't let these details fool you – it takes very little time to fill out these details, and it does not mean the email or the person is genuine. If your instincts are screaming, pay attention to them, even if the email did get your medium and the title of your artworks right. Of course, if they're wrong – be very suspicious indeed!

Here are a few important clues that can indicate that an email you've received is an art scam

—

The subject of the email will be something that screams for attention.

Remember, the scammer can only be successful if the email reaches you, which is why most of them would include words like 'Important' or 'ATTN' to catch your attention. A genuine person, however, would not have that goal in mind while sending you an inquiry.

The email is in your spam folder. This is perhaps the most obvious red flag. If the email ended up in your spam folder, there is definitely a reason for it.

The person will have a fictitious name or the email address and name will not be consistent. From the examples shared with us below in the comments, this seems to be a common element in scamming emails. Art scammers sometimes use made up names like John Cena or Terry Flowers and it can be a very easy clue to resolve any suspicions you might have. In addition to that, sometimes, there are discrepancies in the writer's name and email address. Always, check the writer's name and email address first!

The person will often sound like they are in a hurry or insist on an immediate purchase. This is partly to fluster you and give you less time to think, but mainly because if they know the check they're sending you is going to bounce, or the credit card is stolen, they need the transaction completed before the bank catches on and you find out.

There will often be some complex story involving the individual or their family moving to another country right at the time they want to purchase the artwork, necessitating the sum you're going to be sending to cover the shipping. Yes, this does happen sometimes to honest people in real life, but it's not that common.

There are too many grammatical errors. If the person mentions being from the United States but their English is extremely poor, it is definitely a red flag. However, do note here to not dismiss everything because it has a few grammatical errors. The person might actually be genuine, and English might not be their native tongue.

They want to arrange the shipping themselves. Most genuine clients are only too grateful to have you take the burden of shipping from them if shipping is necessary. And if they do want to take care of it themselves, real collectors will most likely use a major company they've had positive experiences within the past – a company whose name you will know.

How To Avoid Art Scams?

Well, you can look out for the clues mentioned above, which will alert you to the possibility that something might be wrong and be careful rather than gullible in your approach. Be conscious that scamming is a possibility, and aware that it might attack you. If you start to worry about a particular case, don't let your prejudice in favor of people who claim to admire your work get in the way of your caution.

You can also be firm about following your usual method of payment; explain politely that you're not willing to take payment through cashier's checks or postal money orders, which are more open to this sort of art scam. Often the nature of the art scam will center on the method of payment suggested by the scammer – if you stick to your normal method, something you know to be safe, they may be forced to give up. Also, make sure to never accept overpayments. This is not a common way of doing business, and you probably haven't come across it before in genuine transactions. You're selling, they're buying – no money should be leaving your account. Make it your policy not to work this way.

If you're suspicious for any reason, try googling the email address of the contact you're corresponding with. Because scammers send so many art scam emails, their address gets to be known as one associated with the art scam they're running. It might well be that the person contacting you is already on a 'blacklist' which you can find online. In situations like this, being represented by a gallery can also prove to be beneficial. For one thing, you can rely on the gallery staff, who will probably have had more experience with art scam attempts than you have had, to make sure that everything is as it should be and protect you as necessary.

Another important thing to make note of is to never ship your work before the payment has been cleared. This seems so simple that you read it and wonder how anyone ever gets caught acting differently – but when you're in the middle of a series of emails going back and forth, and you've built up a picture of your correspondent's life in your head, and you're pleased that they appreciate your art. It can be hard to remember. Make it a rule of how you do business, and if you're ever asked to make an exception, think very seriously about whether it seems like a good risk to be taking (if you know the buyer personally, for instance, it might be a reasonable decision).

Art scams are becoming more and more sophisticated by the day and it is very important for you as an artist to protect your art as well as your hard-earned money. Following the advice in this article will help you to avoid art scams when selling your art. But what you really need to do is take the messages here to heart. Remember when you are selling your art on the internet, you need to know and trust your potential clients.

As a promotional gallery, we take pride in the diverse group of artists from across the globe represented by us. Want to give your art more time, and leave the marketing and promotional hassles to someone else? Visit our Gallery Representation And Artist Promotion page for more information.

Have you received an email from a potential buyer that looks like an art scam? Share them with us in the comment box below.

Der Autor hat die einzelnen Fälle genau recherchiert, den jeweiligen Mailverkehr sorgfältig durchgelesen und den einzelnen Fällen eine Auswahl an relevanten Mails zur Illustration beigefügt. Die Namen sind bewusst nicht verändert worden, obwohl damit nicht gesagt ist, dass es sich um die tatsächlichen Namen handelt. Aus den chronologischen Abläufen haben sich spannende Geschichten ergeben, die hoffentlich auch dazu

beitragen, die Betrüger zu eruieren und ihnen das Handwerk zu legen.

Kapitel 2
Die Erbschaften im Netz

Die Erbschaft im Netz ist ein sehr verlockendes Angebot, mit dem tausende von Betrügern handeln. Einerseits ist die Erbschaft eine bestimmte Geldmenge, andererseits eine Hinterlassenschaft, bei der ein Begünstigter keine grossen Nachweise zu erbringen hat. Das weltweite Volumen von Erbschaften übersteigt täglich die Milliardengrenze! In dieses Geschäft mit den kleineren und grösseren Barschaften begeben sich Leute, die mit den gesetzlichen Bestimmungen der jeweiligen Länder, in denen die Erbschaften registriert sind, gut vertraut sind. Es gilt auf jeden Fall einen seriösen Eindruck bei den Adressaten derartiger lukrativer Mailpost zu hinterlassen.

Die Beispiele sind eigentlich selbsterklärend und bewahren vielleicht manchen Leser vor dem sicheren Vorkassenbetrug.

Beispiel Erbschaft <Blum>

Eines Tages meldet sich ein gewisser Mr. Earl Gilbert, seines Zeichens Advocat & Solicitor in Grossbritannien per Mail und offeriert eine Erbschaft in Höhe von USD 13 Millionen. Das Geld soll in einem Depot einer Bank in UK sein. Zusätzlich präzisiert der Anwalt und Vermögensverwalter, dass die Erbschaft verbunden sei mit der Auflage eine Stiftung für

Frühdiagnostik bei Krebs zu errichten und daraus geeignete Forschungsprojekte zu finanzieren.

Bei Interesse an dieser Erbschaft lädt der Anwalt Interessenten ein, ihre persönlichen Daten, die Bereitschaft, eine Stiftung zu gründen und eine Kopie des Reisepasses zu senden.

Gelesen und getan. Wenige Tage später folgt der zweite Mailkontakt des Anwaltes. Er freut sich über das Interesse und stellt gleich fest, dass das Profil gut zum letzten Wunsch des Erblassers passe. Das freut natürlich auch den Empfänger dieser Mailbotschaft.

Im gleichen Mail beschreibt der Anwalt nun das Prozedere zum Erhalt dieser Erbschaft. Er erwähnt, dass zuerst auf der Grundlage der Personendaten ein <Affidavit> von der Behörde erstellt werden müsse. In diesem Dokument wird festgehalten, dass der <Next of Kin>, also die erbberechtigte Person der Empfänger dieses Mails wäre. Um dieses Dokument zu erhalten, müssten EUR 2'500.00 an den Anwalt bezahlt werden. Eine erste Vorleistung also. Für die meisten Leute ist der Erwerb dieses Dokumentes nachvollziehbar und sie zahlen den Betrag entweder über Western Union, MoneyGram oder Ria an irgendeine Person in UK oder sie zahlen auf ein Bankkonto einer Bank in UK.

Nach einigen Tagen sendet der Anwalt wieder per Mail eine Kopie des <Affidavit>, ausgestellt durch einen High Court, unterzeichnet und gestempelt als auch mit Siegel versehen. Das Original bleibt beim

Anwalt. Eine Prüfung auf Echtheit dieses Dokumentes bleibt auf der Strecke; denn wohin sollte man sich wenden, wenn auf dem Dokument keine Telefonnummer steht?

Ein paar Tage später folgt das nächste Mail des Anwalts. Er informiert den Erbberechtigten nun, dass vor dem Transfer des Geldes 3 wichtige Dokumente zu erwerben seien: das Money Laundring Certificate, das Drug Certificate und das Terrorism Certifikate. Alle diese Dokumente bestätigen, dass die Gelder nicht aus Geldwäscherei, Drogenverkauf oder Terrorfinanzierungen stammen, das Geld oder die <Funds> also clean and clear wären. Dass diese Zertifikate wieder etwas kosten, wird ebenfalls erwähnt – nämlich je EUR 2'250 00 zuzüglich des Anwaltshonorars von EUR 1'875.00 - beachtlich, dass das Anwaltshonorar so tief ist. Macht doch einen seriösen Eindruck. Der Erbberechtigte will natürlich seine konservative Bank nicht mit Geld dubioser Herkunft enttäuschen und sich auch vor einer Blockierung dieser Gelder schützen. Also folgt die nächste Zahlung auf das gleiche oder ein anderes Bankkonto in UK. Die bisherigen Zahlungen erreichen den 5stelligen Betrag – aber in Relation zum erwarteten Geld immer noch ein geringer Betrag.

Nach der prompten Zahlung erhält der Erbberechtigte wenige Tage später die 3 Zertifikate als PDF Kopien per Mail. Der Anwalt arbeitet zuverlässig und verliert keine Zeit. Er meldet vorsichtshalber den nächsten Schritt an und teilt mit, dass er jetzt für den Erbberechtigten ein Konto bei einer Bank in UK eröffnen muss, um die Gelder aus dem Depot ins Konto stellen zu können. Dabei erwähnt er, dass er zu einigen Banken gute Beziehungen unterhält – auch zu offshore Banken, die in diesem Fall besondere Vorteile böten. Selbstverständlich könne man Kreditkarten erhalten und das e-banking nutzen für den problemlosen Geldtransfer in alle Welt! Geschickt fragt er den Erbberechtigten, ob er ihm einen Vorschlag unterbreiten soll. Wer würde darauf nicht eingehen? Der Erbberechtigte dankt in seinem Mail für die gute Betreuung und wünscht einen Vorschlag einer Bank, bei der er gut betreut wird.

Nur 2 Tage später folgt die Antwort prompt. Der Anwalt schlägt die off-shore Bank Unicorn Finance Services mit Sitz in London vor und teilt dem Erbberechtigten mit, dass er den ihm bekannten Banker bereits informiert und gebeten hätte, den Erbberechtigten direkt zu kontaktieren. Rundum immer noch ein perfekter Service!

Keine Überraschung: der Banker, ein Mr. Angus, meldet sich per Mail unter der Mailadresse <customercare@unicornfs.com. Mr. Angus heisst den Erbberechtigten willkommen als neuen Kunden bei Unicorn Finance Sercices und sendet für die Kontoeröffnung gleich ein Anmeldeformular mit der Bitte dieses ausgefüllt so rasch als möglich an ihn zurück zu senden. Natürlich füllt der Erbberechtigte das Formular umgehend aus, ein Farbfoto von ihm wird beifügt, eingescannt und sofort an Herrn Angus zurückgesendet.

Am nächsten Tag erhält der Erbberechtigte bereits die aktuellen Kontodaten, zusammen mit den Daten zum e-banking. Gleichzeitig informiert der Direktor des Internationalen Remittance Department den neuen Kunden, dass sein Konto jetzt aber noch aktiviert werden müsse, was den Betrag von EUR 4'500.00 kostet. Das Konto würde nach Eingang der Aktivierungskosten sofort freigeschaltet, so dass die Depotgelder ins Konto gestellt werden könnten und das e-banking funktionsfähig wäre. Logisch, dass diese Zahlung, diesmal auf ein anderes Konto, sofort erfolgt.

Der Eingang der Zahlung wird nach 3 Tagen bestätigt. Der Hinweis, dass die USD 13 Millionen innerhalb von 48 Stunden ins Konto gestellt werden, erfreut den Erbberechtigten ungemein. Sollen sich meine Banken mal ein Stück abschneiden, denkt er und freut sich auf Übermorgen.

Neugierig versucht der Erbberechtigte sich auf der e-banking Seite einzuloggen. Er kommt auf die Seite der Unicorn Finance Services, auf der er seine Kunden ID und sein Passwort eingeben muss. Gelesen und getan und schon öffnet sich die Seite <Account statement> auf den Namen und Adresse des Kontoinhabers und das Wichtigste, die USD 13 Millionen sind verbucht. Fast gleichzeitig erhält der Kontoinhaber ein Mail mit den Instruktionen zum Transfer von Geldern. Er loggt sich nochmals ein und öffnet die Rubrik <Transfer> und dann <Transfer zu anderer Bank>. Siehe da, er kommt auf eine Erfassungsmaske, in der alle Daten für einen Transfer angegeben werden müssen – genauso wie er es vom e-banking mit seiner Bank kennt.

Sein erster Transfer soll auf sein Bankkonto gehen. ein relativ kleiner Betrag von USD 50'000.00, was Mr. Angus empfohlen hat. Nach Eingabe aller Daten folgt der Mausklick auf <Ausführen>. Ein Prozentzähler gibt an, um wieviel Prozent der Auftrag ausgeführt ist. Der Zähler klettert hoch und hält bei 95% an. Da öffnet sich eine weitere Maske, in der nach dem TCPN Code gefragt wird. Der Kontoinhaber schaut auf der Instruktion nach, findet aber keinen Hinweis. Er versucht die Hotline anzurufen, hat dabei aber kein Glück. Also schreibt er ein Mail an Mr. Angus. Kurze Zeit später schreibt ihm Mr. Angus, dass es richtig wäre, einen TCPN Code von der Bank of England zu erhalten, der für den Transfer unabdingbar wäre. Er führt auch an, dass dieser Code EUR 4'500.00 koste. Nach Zahlungseingang würde Unicorn den Code beschaffen und sofort an den Kontoinhaber weiterleiten. Bei 95% Transferquote darf es also nicht an dieser weiteren Zahlung liegen. Sie erfolgt postwendend wieder auf das Konto des angeblichen Agenten bei der Halifax Bank London.

In der Tat erhält der Kontoinhaber nach 3 Tagen den TCPN Code. Er geht wieder ins e-banking und gibt den Transfer nochmals ein. Alles funktioniert soweit bestens. Auf der Maske TCPN Code gibt er den 8stelligen Code ein – und siehe da, der Prozentzähler geht von 95% auf 96 und 97%. Da folgt eine weitere Maske, in der nach einem EU Code gefragt wird.

Wieder sendet der Kontoinhaber ein Mail an Mr. Angus, der gleich antwortet und erklärt, dieser Code sei wichtig für die Bestätigung <clean and clear> gegenüber der Empfängerbank. Er koste EUR 7'250.00 und wäre innerhalb 2 Tagen erhältlich. Na und, bei 97% gibt es kein Zurück. Die Zahlung wird ausgeführt, und nach 4 Tagen sendet Mr. Angus den EU Code.

Wieder loggt sich der Kontoinhaber ein und gibt auf der Maske den EU Code ein. Der Prozentzähler dreht sich weiter hoch von 97% auf 99%. Was ist denn jetzt noch nicht in Ordnnng? Zwar steht jetzt als Überschrift <Transfer successfully completed>. Aber dennoch ist der Transfer offenbar noch nicht abgeschlossen. Die Nachfrage bringt es an den Tag. Mr. Angus schreibt, dass alles soweit in Ordnung wäre, die Tax Clearance aber offenbar nicht vollumfänglich bezahlt worden wäre. Er müsste deshalb bei den Behörden <Her Majesty Inland Revenue> einen Waver bestellen, der EUR 7'850.00 koste. Danach würden die Transfers ohne weitere Probleme ausgeführt. Also für das eine Prozent nochmals ein finanzieller Effort für ein paar Tage; denn der TC Code folgt ja nach Zahlungseingang.

Mittlerweile macht sich die Frau des Kontoinhabers Gedanken über dieses Erbschaftsangebot. Der Kontoinhaber beschwichtigt sie aber und verweist darauf, dass bisher alles gut funktioniert hätte. Die letzte Zahlung wird schliesslich ausgeführt. Nach 4 Tagen wunder sich der Kontoinhaber, dass er den TC Code nicht erhalten hat – oder noch nicht. Er schreibt ein Mail an Mr. Angus. Dieser antwortet, die Sache sei in Bearbeitung, er möge doch noch ein paar Tage Geduld haben. Auch diese Tage verstrichen ohne Antwort von Unicorn Finance Services.

Nun wird der Kontoinhaber ebenfalls unsicher. Er schreibt noch einmal an Mr. Angus, wie immer über die Mailadresse customercare@unicornfs.com. Nach 2 Minuten erhält er von seinem Provider die Nachricht, das Mail wäre nicht zustellbar! Sofort will er ins Konto gehen, doch der Weblink funktioniert nicht! Um Himmels willen, was ist da passiert? Er ruft einen Freund an, der mit Informatik zu tun hat und dieser findet auch keine Erklärung für die Zugriffspanne. Tags darauf dieselbe Situation. Offensichtlich das Ende eines hochprofessionellen Betrugsvorfalls, bei dem die Betrüger absolut <glaubhaft> Schritt für Schritt abgezockt haben.

Doch Unicorn behauptet nach wie vor, es wäre alles rechtens und echt, was in 3 Mails von besagtem Mr. Angus hervorgehen soll:

Von:	"Unicorn Financial Services" <info@unicornfs.com>
An:	Mr. XY
Cc:	barristergriffin@counsellor.com

Dear Mr. XY,

This is elctronic communication is to officially confirm the below stated Bank Co-ordinates as valid and correct for remitting the 20% sum of your Cost Of Trasnsfer Charges.

It suffice to state that we go by the notice sent by your attorney and proceed with making all necessary arrangements to enable us swiftly honor the Memo Of Guarantee issued by this Bank on the 19th Of January 2018:

Bank Name : Halifax Bank

Account Name : T.D Amusa

Account Number : 01127723

IBAN : GB17HLFX11086801127723

BIC: HLFXGB21Y22

Bank Address : 23 Mawbey House Old Kent Road. 5E1 5PG London. UK

Account Recipient Address : 144 Vaughan Way, London, E1W 2AF, UK

I would like for you to ensure you and your attorney fulfill your commitment to make the payment next week Tuesday and will also like you to know its okay for you to split the wire transfer in halves if you cannot do it all at once as It would serve you better if we begin the process on Tuesday as scheduled due to time constraint so even if you cannot get the whole sum at once please do endeavor to deposit whatever you have so we can comply with notice of filing we have already forwarded to the PRA.

Kindly confirm receipt of this elctronic correspondence.

Sincerely,

Jeremy Angus

Offshore Account Unit

Unicorn Financial Services.

Von:	"Unicorn Financial Services" <info@unicornfs.com>
An:	Mr. XY
Cc:	barristergriffin@counsellor.com

Dear Mr. XY,

Welcome To Unicorn Financial Services.

This is to confirm receipt of your e-mail but next week would not be feasible if you really want to make use of this opportunity because the Regional Head Of International Remittance is out of office until Tuesday Of Next week which grants me authority to approve all filings within this time frame hence I am able to file for the Cost Of Transfer Code for just a down payment of 7,000GBP.

This figure may not be enough if you wait until next week which is why I am urging you to get the payment done on or before Friday of this week so I can file and approve everything and grant you access to your account before Tuesday Of Next Week.

This is a fantastic opportunity you should take advantage of you want to see this transaction completed in the next few days.

Jeremy Angus

Offshore Account Unit

Unicorn Financial Services.

Von:	"Unicorn Financial Services"
	<info@unicornfs.com>
An:	Mr. XY

Dear Mr. XY,

Welcome To Unicorn Financial Services.

I am disgusted at your e-mail and if any one is trying to extort money its you because this bank is an officially licensed bank and do not understand what you are saying about a refund or where you got that figure from.

Your transaction is there to be completed when ever you are ready and m prepared to help you also but you must stop all these baseless accusations and seek for help to finish your transaction.

I am here to help you but you must acting childish with baseless accusations because UFS operates under a bank and shares its license but those are not your concerns for if you do what is required your transactions will be concluded.

Sincerely,

Jeremy Angus

Offshore Account Unit

Unicorn Financial Services.

Fazit:

Drum prüfe, wer sich auf ein solches Unterfangen einlässt. Zu prüfen sind über Internetrecherchen Bankinstitut, Mailadressen, telefonischer Kontakt mit den Exponenten, persönliches Treffen mit den involvierten Personen, vor Ort Recherche, Beauftragung eines Anwalts vor Ort. Natürlich verursachen solche Recherchen auch Kosten, sie bleiben aber im Rahmen von etwa 20% der Beträge, die man sonst buchstäblich in den Sand setzt.

Beispiel <Mrs. Diana Laws>

Da kommt per Mail ein einziger Hilfeschrei an die Adressaten des Mails. Eine rührende Familystory, die Emotionen auslöst. Lesen Sie selber:

Ich heisse Diana Laws und lebe als alleinerziehende Mutter von 2 Kindern an einem geschützten Ort in Frankreich. Ich fürchte mich vor den Verwandten meines verstorbenen Mannes, die mir mit dem Tod gedroht haben, wenn ich ihnen nicht das Erbe von EUR 7.5 Millionen übergäbe.

Bitte befreien Sie mich aus dieser ausweglosen Situation, denn mein Sohn ist schwer krank und braucht unbedingt medizinische Hilfe. Überdies haben wir kein Geld, um ordentliches Essen zu besorgen. Ich bräuchte vorerst nur EUR 500 für Essen und EUR 750 für Medikamente. Bitte lassen Sie mich nicht hängen.

Wenn Sie mir helfen wollen, bitte ich Sie mir Ihre Personalien zuzusenden, zusammen mit einer Passkopie. Nach Prüfung Ihrer Personalien werde ich den Banker in der Bank in Paris benachrichtigen und ihn bitten, sich mit Ihnen in Verbindung zu setzen.

Gemäss Recherchen der Autoren haben sich mindestens 50 Personen auf diesen Aufruf gemeldet. Was sie alle in gleicher Weise erlebt haben, sei an einem Fall dargestellt.

Nach Einsendung der Personendaten hat ein interessierter Unternehmer den Kontakt zu Mrs. Laws geknüpft, die sich bei ihm für seine Hilfe herzlich bedankte und gleichzeitig bat die EUR 1250 mit Western Union oder RIA an ihre Freundin <Monique Voyard, Lyon, France> zu überweisen, da sie sich nicht wage, das Versteck zu verlassen. Überdies informierte sie ihn, dass sich M. Carlos bei ihm melden werde. So nebenbei erwähnt sie noch, dass er für den Service der Erbschaftsübertragung 20% der Totalsumme erhielte.

Doch ganz in Ordnung denkt der Unternehmer und sendet zuerst die EUR 1250 durch RIA nach Lyon. 3 Tage später erhält er ein Mail von einem M. Carlos, der seines Zeichens in der BNP Paris arbeitet und die Interessen von Mrs. Laws wahrt. Er sendet dem Mailempfänger einen Kontoauszug auf den Namen des verstorbenen Mannes von Mrs. Laws lautend, aus dem in der Tat hervorgeht, dass EUR 7.5 Millionen auf dem Konto sind. Gleichzeitig informiert M. Carlos, dass der Anwalt das <Affidavit> erstellt und dafür EUR 2'850.00 verlangt. Da das ganze eilt, wäre eine rasche Überweisung auf die Banque Populaire sehr wünschenswert.

Der Unternehmer erzählt die Geschichte seiner Sekretärin und bittet diese, einige Recherchen zu tätigen. Sie legt sich gleich ins Zeug und kontaktiert die Webseiten der Banque Populaire. Sie prüft den Kontoauszug und findet keine Mängel. Selbst das Wasserzeichen im Kontoauszug ist echt. Adresse und Telefonnummer der Bank sind ebenfalls korrekt. Sie berichtet ihrem Chef das positive Ergebnis ihrer Nachforschungen.

Der Unternehmer ist zufrieden und sendet die EUR 2'850.00 auf das Konto des Anwalts in Paris. Den Zahlungsauftrag sendet er an M. Carlos, da er die Adresse des Anwalts noch nicht erhalten hatte.

Eine Woche später sendet M. Carlos dem Unternehmer das <Affidavit>, das ihn jetzt als rechtmässigen Erbberechtigten ausweist. M. Carlos erwähnt, dass jetzt die Funds auf ein Konto lautend auf seinen Namen einbezahlt werden. Für die Kontoeröffnung wäre eine Gebühr von EUR 850.00 notwendig. Logisch eigentlich, dass eine Kontoeröffnung auf einer ausländischen Bank auch etwas kostet. Also zahlt der Unternehmer den Betrag unverzüglich.

Wenig später erreicht ihn wieder ein Mail von Mrs. Laws, in dem sie ihn bittet, nochmals EUR 2'250.00 zu senden, damit sie sich mit ihren Kindern an einen anderen sicheren Ort begeben könne, denn die Angst wäre gross, dass die Verwandten ihres Mannes ihr Versteck bereits kennen. Der Unternehmer versteht diesen Hilferuf und ist begeistert von den persönlichen Fotos, die Mrs. Laws ihm sandte. Die fesche Blondine hat zwei hübsche Kinder und präsentiert sich selbst in einem weissen, transparenten Bikini und in einem grosszügig ausgeschnittenen Abendkleid. Der Unternehmer wähnt sich ja fast am Ziel und sendet die EUR 2'250, diesmal durch Western Union.

M. Carlos sandte ein Dokument vom Palais de Justice de Paris, in dem bestätigt wird, dass der Unternehmer die Summe von USD 7.5 Millionen zu Gute hat. Also ein offizielles Dokument, denkt der Unternehmer und schreibt M. Carlos zurück, im Sinne, dass er jetzt letzte Instruktionen erhalten sollte, die für den Transfer wichtig wären.

M. Carlos antwortet prompt und sendet ein <Formulaire pour le transfer de fonds> seiner Bank, mit der Bitte, dies umgehend auszufüllen und zurück zu senden. Jetzt wird der Transfer Realität, denkt der Unternehmer und sendet das <Formulaire> gleich ausgefüllt zurück.

M. Carlos meldet sich unverzüglich und sandte vom Finanzministerium ein Avis für die Regulierung der Steuern in Höhe von EUR 9800.00. Dass Steuern zu zahlen sind, damit hat der Unternehmer gerechnet und in Relation zum Betrag sind EUR 9800.00 ja noch durchaus im Rahmen.

Er zahlt auch diesen Betrag auf ein Bankkonto, das er von M. Carlos erhalten hat. Offenbar an den Agenten der Bank, der für solche Zahlungen zuständig ist.

Nach dieser Zahlung müsste eigentlich der Transfer ausgelöst werden, dies erwartet jedenfalls der Unternehmer. Doch noch ist eine Zahlung fällig, nämlich die Transferkosten von EUR 4'750!, zahlbar durch Western Union oder Money Gram an eine oder zwei unbekannte Personen, die angeblich für M. Carlos arbeiten.

Die Sekretärin des Unternehmers kann dies nicht verstehen. Sie bittet ihren Chef nochmals Recherchen zu tätigen, was er bewilligt. Als erstes versucht sie M. Carlos in der Banque Populaire telefonisch zu erreichen. Die Nummer der Bankfiliale entnimmt sie aus dem Internet. Sie ruft dort an, doch niemand nimmt ihren Anruf an. Nach etliche Versuchen entschliesst sie sich, M. Carlos ein Mail zu schreiben und ihn zu bitten, eine Rechnung der Bank zu senden, zusammen mit einem Konto in der Bank, worauf man die Transferkosten bezahlen könne.

Nach 3 Tagen hat sie noch immer keine Antwort erhalten. Sie meldet dies ihrem Chef, der nun auch sichtlich beunruhigt ist, hat in der Zwischenzeit doch ein Freund ihn auf eine 419 scam Seite im Internet aufmerksam gemacht, auf der die Story geschildert wird. Höchst beunruhigt, reist der Unternehmer nun zur grenznahen Bankfiliale in St. Louis bei Basel. Dort erhält er die Antwort, dass man ihm keine Auskunft geben könne, da er nicht Kunde der Bank wäre. Indirekt hat aber der Bankangestellte seine Zweifel an der Echtheit der vorgelegten Dokumente geäussert. Er empfahl dem Unternehmer, die Echtheit durch die französische Polizei zu klären.

Fazit:

Mit gemischten Gefühlen ging er zurück und sandte nochmals ein Mail an M. Carlos. Dieses blieb unbeantwortet – und damit war die Hilfsbereitschaft des Unternehmers stark ausgenützt worden. Ein finanzielles Drama war es wohl nicht, dennoch hätte er das viele Geld gut anderweitig verwenden können.

Beispiel <UNITED NATIONS>

Da erhält eines Tages eine Privatperson ein Mail von der UNO mit einem Schreiben im Anhang. Der Empfänger wird darauf aufmerksam gemacht, dass er für seine Projekte einen Betrag von USD 750'000 bekäme, der bereits für ihn reserviert wäre. Er öffnet das Schreiben und findet darin den Betrag bestätigt. Das Schreiben ist unterzeichnet von 2 UN Beamten und bestätigt, dass der Inhaber dieses <Zertifikates> ausgewählt worden sei wegen seiner Verdienste im humanitären Bereich.

Gemäss dem Mail hat der Empfänger lediglich seine Personendaten mitzuteilen, aber keine Bankdaten, da der Betrag über eine ATM Karte bezogen werden kann. Er sendet seine Personendaten und wartet ab, was jetzt weiter geschieht.

Nun folgt ein weiteres Schreiben, in dem von der Behörde der Betrag als genehmigt bestätigt wird. Der Sender ist der <British County Court>, was sicher sehr vertrauenserweckend ist.

Fast zur gleichen Zeit erhält der Empfänger ein weiteres Mail mit beigefügtem Schreiben der UNO London. Darin wird bestätigt, dass er nach Zahlung von total £ 22'500.00 die Kreditkarte per DHL zugesandt erhält. Eine stolze Summe, in einem Schreiben angeführt, ohne irgendwelche Belege

Als letztes Schreiben kam dann noch von der World Bank. Das sollte die Forderung der hohen Kosten rechtfertigen. War aber nicht so!

Nun will es der Mailempfänger genauer wissen. Er beschafft sich die Kontaktdaten von Mrs. Genevieve Woods, die die mails von der UNO unterschrieben hat und zweifelsfrei bei der UN arbeitet. Er kontaktiert Mrs. Woods telefonisch und findet gleich heraus, dass sie nichts von all diesen Kontakten und Schreiben weiss. Sie bat um Zustellung der Unterlagen.

Mrs. Woods hatte sich umgehend gemeldet und mitgeteilt, dass es sich bei allen Dokumenten um Fälschungen handle. Selber war sie darüber erstaunt, dass ihre Mailadresse sogar gehackt wurde. Die kriminelle Gruppe, die hinter dieser Attacke steckt, scheute offensichtlich nicht davor zurück, eine so renommierte Organisation als Werkzeug ihrer Betrügereien zu benutzen.

Fazit:

Wie so oft fallen Leute auf besonders tragische Geschichten herein und ihr Helfersyndrom lässt sie blindlings ins Verderben geraten. In diesem Beispiel handelt es sich nicht um die <Nigeria Connection>, sondern um eine kriminelle Gruppierung mit Sitz in Frankreich. In dieser Gruppe sind auch Personen am Werk, die exzellente Informatikkenntnisse und graphische Fähigkeiten besitzen. Wer an eine solche Zuwendung glaubt, darf auf jeden Fall die Reise nach Paris nicht scheuen. Leider muss festgestellt werden, dass diese Gruppe ihr Unwesen weitertreibt – und hoffentlich kaum noch <Helfer> oder weitere <Opfer> findet.

Kapitel 3
Ein klassischer Fall perfider Abzocke

Ein gutes Beispiel. Ja ein klassischer Fall von Abzocke zeigt dieses Beispiel, das wir in chronologischer Reihenfolge der Mailattacken in englischer Sprache und in unveränderter Form wiedergeben. Geändert wurde nur die Namen der Empfänger.

10.10.201X

ATTEN, MR XY.

THIS IS THE TWO CERTIFICATES YOU ASK FOR, AS I TOLD YOU ALL THE CERTIFICATES REGARDING TO THIS FUND ARE WITH ME AS HIS PERSONAL LAWYER.

ALSO, AS SOON AS YOU DO ALL I ASK YOU TO DO AS AN INSIDER THAT I AM, WE WILL NOT HAVE ANY PROBLEM AT ALL.

ALL YOU HAVE TO DO IS TO SEND TO ME ALL THE INFORMATION I ASK FROM YOU, SO THAT I WILL SEND IT TO THE SECURITY COMPANY DIRECTOR AS I TOLD YOU IN MY FIRST MAIL, THE DIRECTOR IS INVOLVED IN THIS DEAL OK.

THE DIRECTOR SAID YOU SHOULD SEND ALL THE

INFORMATION, SO THAT HE WILL USE THEM TO PROCESS ALL THE DOCUMENTS REGARDING THIS FUNDTO YOU NAME AS THE FOREIGN PARTNER TO MY LATE CLIENT.

THEN AS SOON AS ALL THE DOCUMENTS ARE IN YOUR NAME, HE WILL APPROVE THE FUND FOR TRANSFER TO YOU IN YOUR COUNTRY, THROUGH A DIPLOMATIC CASH DELIVERY TO YOU WITH OUT ANY PROBLEM.

SO PLEASE WE WAIT FOR YOUR URGENT RESPONDS SOON.

THANKS.
BARRI, BROWN.

11.10.201X

sir,

you have to keep every thing about this transaction very secrete because you know they are delivering cash money to you .

secondly, all the charges here i will try and pay them because the director said they agreed with my client to be paying $50 dollars daily for safe keeping and it has not been paid since last year he was sick ok.

so i have told them to calculate all and tell me i will pay all to make sure every thing is moving well. that was why i have set out 10% from the total sum for all

53

expenses,

as we meet in your country every body will take all he spent from the total sum before shearing, and all payment must have a receipt . and any one you will spend in your country if there will be any, WILL BE GIVING BACK TO YOU TOO FROM THE 10% WHICH IS 1,MILLION DOLLARS.

FINALLY, WE WILL HAVE AN AGREEMENT, THAT IF THE FUND GETS TO YOU, YOU WILL NOT BE FUNNY, AND THAT EVERY THING WILL GO AS WE PLAN IT WITH OUT ANY PROBLEM.

AS SOON AS YOU RECEIVE THE FUND, YOU SEND ME A LETTER OF INVITATION TO GO FOR MY VISA.

THANKS.
BARRI, BROWN.

12.10.201X

sir,
i just got home now from work, and i was calling your number this afternoon and you pick and said wrong number why?
also, the company director told me that i have to get an affidavit from the Lagos high court in support of claim in your name that my late client said the fund should be transferred to his partner in Switzerland which is you.
and as soon as this is done by tomorrow, the fund

will be finally approved in your name, and you have to sign on the documents .
so sir all will be fine just pray and by tomorrow the names of the delivery officers will be out from the company and i will send the names to you.

thanks,.
Barri, Brown.

12.10.201X

 ok, i will send you the documents to you today, and the company has sent the name of the delivery officers to me now, the names are, mr Dennis williams and frank white.

secondly, congratulation, the director has approved the fund today about 30 minutes ago, that was why i called before .

so you have to get ready to receive them on Monday, because they will depart on Sunday night to be with you on Monday.
thanks.

12.10.201X

SIT,

THERE IS NO PROBLEM OK,YOU HAVE TO AGREE WITH THEM ON THAT BECAUSE THEY HAVE TRAVELED SINCE

YESTERDAY OK, AND THE AFFIDAVIT OF CLAIM IN YOUR NAME HAS BEEN ISSUED TO ME TODAY, I HAVE SEND IT TO THE COMPANY OK.

SO YOU HAVE LET ME KNOW AS SOON AS YOU RECEIVE THE OFFICER MR PETER ADAMS THAT THE ONE TO DELIVER TO YOU OK, OTHER OFFICERS WILL TO OTHER PEOPLE.

REMEMBER THAT THE KEYS TO THE BOX IS STILL HER OK, I HAVE TO SEND IT TO YOU VIA D.H.L COURIER SERVICE TO YOUR ADDRESS AS I TOLD YOU BEFORE FOR SECURITY REASON,

I HAVE NOT SEND IT TO YOU BECAUSE THERE IS NO MORE MONEY WITH ME AFTER I PAID $ 12, 800 DOLLARS TO THE SECURITY COMPANY FOR THE SAFE KEEPING WHICH MY LATE CLIENT WAS OWNING THE COMPANY BEFORE HIS DEATH AS I TOLD YOU IN MY SECOND LATTER I SENT TO YOU OK.

THANKS.
BARRI BROWN.

13.10.201X

sir, all the documents has been parked in side the box, so when you receive the box and open it, you will see them,

that is why you need the keys to the box, so as to use it to open the box when you are with the officers to confirm the content is your cash money and all the documents,we did all this for security reason, but the key's will have to be send to you via D.H.L courier service to your address ok, but the problem now is the FedEx fee which i don't have for now, due to the charges i just paid to the company as i told you.

so i don't know if you could help for the courier fees which is a little fee ok.

but the affidavit in support of your claim in your name from the high court, i will be scan and send to you tomorrow for i came back late yesterday.

with the affidavit in your name ,you can claim the fund with out any problem, all the approval documents has been parked in the box by the security company to you ok.

finally, you will have to try and see what you can do so that the keys can be send to you first thing tomorrow before your meeting with the officers ok. thanks.

13.10.201X

SIR,

THE D.H.L FEE FROM HERE IS 3,67 EUROS ONLY BECAUSE OK THE WEIGHT OF THE KEYS BECAUSE THEY ARE METAL KEYS.

SIR, YOU CAN SEND IT TO THE PROTOCOL OFFICER IN

CHARGES OF ALL DISPATCH,

MR EMMANUEL JOHNSON.
ADDRESS, LAGOS NIGERIA.
TEST QUESTION,WHAT FOR?
ANSWER, KEYS.

PLEASE SEND VIA WESTERN UNION MONEY
TRANSFER.

THANKS.
   BARR. BROWN

13.10.201X

   sir,

western union accepts even 3,000, or 5,000 euros ok,
i have so money clients in your country and Spain,
France, Germany ok.
so go to any western union center and send THE FEES
ok, i have called western union office in your country
they said you can send the fees with out any
problem.

we are waiting.

THANKS.
   BARR. BROWN

13.10.201X

SIR,

SO SORRY SIR, IT WAS A MISTAKE OK, WHAT I WANTED TO TYPE WAS 367 OK, AM S SORRY ABOUT THAT.

I WENT TO CHURCH SINCE MORNING, I WOULD HAVE REPLY TO YOU OK, I JUST SAW YOUR MAIL NOW.

FURTHER, THE OFFICERS ARE IN SPAIN NOW OK, THEN FROM SPAIN THEY WILL ARRIVE IN YOUR COUNTY TOMORROW AFTERNOON AND WILL CONTACT YOU OK, SO PLEASE FORGIVE ME FOR THE MISTAKE.

BARR.   BROWN

14.10.201X

SIR,

THEY SAID YOU SHOULD SEND TO

 ODAFEN GERTRUDE EBOSEREMEN.
ADDRESS, LAGOS NIGERIA.
TEST QUESTION, WHAT FOR?
ANSWER, KEYS.

PLEASE GO AND SEND IT NOW SO THAT THEY CAN

DISPATCH NOW AS WELL ,SO THAT ANY MORNING
FLIGHT NOW GOING TO SWITZERLAND WILL CARRY IT
ALONG OK.

AS YOU SEND IT NOW PLEASE CALL ME AND GIVE ME
THE PAYMENT INFORMATION, BECAUSE AM GOING
TO COURT NOW, SO THAT FROM COURT I WILL GO TO
DHL OFFICE TO GIVE THEM YOUR ADDRESS WERE
THEY WILL SEND IT TO WITH OUT ANY PROBLEM OK.

THANKS.
BARRI, BROWN.

15.10.201X

SIR,

DID YOU YOUR CERTIFICATE, AND YOU RECEIVE MY EMAIL?

BARR. BROWN

16.10.201X

SIR,

HOW ARE TODAY,?

TODAY I WENT TO THE INSURANCE COMPANY TO PAY FOR THE COVERAGE, THEY TOLD ME I HAVE TO PAY FOR INSURANCE (V.A.T.) VALUABLE ADDED TAX OF THE $ 10, MILLION DOLLARS,

AND ALSO TO ISUE YOU ALL THE GOVERNMENT TAX CLEARANCE CERTIFICATES FROM JANUARY TO DATE BEFORE THE PAYMENT WILL BE RELEASED TO YOU, BECAUSE YOUR BOX IS WITH OUR EMBASSY IN YOUR COUNTRY NOW AWAITING FOR THE KEYS AND ALL THE TAX CLEARANCE CERTIFICATE, BECAUSE THE FUND MOVED FROM NIGERIA TO LONDON WITH OUT PAYING THE GOVERNMENT TAX OK.

1) , THE INSURANCE (V.A.T.) IS 685 EUROS ONLY,

2) THE TAX CLEARANCE FROM JANUARY TO THIS MONTH OF THE $10, MILLION DOLLARS IS, 1,250 EUROS ONLY OK.

FINALLY, YOU HAVE TO GO TOMORROW MORNING AND SEND THE FESS, SO THAT WE CAN GET ALL THE GOVERNMENT TAX CLEARANCE TOMORROW AND SEND THE CERTIFICATES AND THE KEYS TOGETHER TOMORROW TO YOUR ADDRESS FOR FINAL RELEASE OF YOUR FUND BY THE EMBASSY THROUGH THE DELIVERY OFFICERS OK.

YOU HAVE TO SEND WITH THE SAME INFORMATION.

EMMANUEL JOHNSON.
ADDRESS, LAGOS NIGERIA.
TEST QUESTION, WHAT FOR?
ANSWER, TAX

THANKS,
BARRI, BROWN..

17.10.201X

SIR,

YOU NOT PAID FOR INSURANCE (V.A.T.) OK, AND THEY SAID SHOULD HAVE PAID FOR TAX OF THE FUND NOW IT IS NEWLY IN YOUR NAME DON'T YOU UNDERSTAND.

YOU KNOW THE FUND WAS IN MY CLIENTS NAME, BUT NOW THE FUND IS IN YOUR NAME REGARDING THE CERTIFICATE FROM THE COURT OK.

SO THIS IS THE ONLY THING HOLDING THIS TRANSACTION NOW OK.

THANKS

BARR. BROWN

17.10.201X

SIR,

YOU WILL RECEIVE THE BOX NO PROBLEM OK, AS SOON AS THE (V.A.T.) AND THE TAX IS PAID TODAY OK.

FURTHER SIR, YOU HAVE TO SEND IT VIA WESTERN UNION MONEY TRANSFER, NOT MONEY GRAM OK,

SIR, YOU HAVE TO ARRANGE FOR MY COMING BY SENDING MY THE LATTER OF INVITATION I TOLD YOU ABOUT SINCE OR YOU DONT WANT ME TO COME THERE FOR THE INVESTMENT? OR DO YOU WANT TO BE FUNNY BARR. BROWN

17.10.201X

SIR,

COMPANIES HERE OPERATES WESTERN UNION OK, YOU CAN LOOK FOR SOME ONE THAT MAKE THE SENDING FOR YOU NOW AND IT HAVE TO BE SOON NOW, SO THAT EVERY THING CAN BE DONE BEFORE THE END OF TODAY OK.

BECAUSE THE INSURANCE COMPANY FROM MY OFFICE IS ABOUT 2HOURS DRIVE OK, AND FROM THERE TO TAX OFFICE IS ANOTHER 3HOURS BECAUSE TRAFFIC OK.

SIR PLEASE DON'T BE ANGRY WITH ME OK, REMEMBER ALL SIXPENCES WILL BE REMOVED FROM THE 10% OK. AM SO SORRY ABOUT THAT.

THANKS.

BARR. BROWN

17.10.201X

sir,

i want to conclude every thing about this transaction today so that you receive this fund tomorrow ok, because delay is dangerous at this time that the fund is at the embassy ok, i dont want them to know what is going on as you know this is a deal ok.

so you go out now to look for who can do this for you

very fast please ok, you know every body at the embassy know my late client is, because he was the formal governor of ogun state ok.

as you know we are keeping every thing so secrete. please that now.
thanks.

Barr. Brown

19.10.201X

SIR,
YOU HAVE TO SEND IT EARLY BECAUSE TODAY
SATURDAY THE BANKS CLOSE BY 11.AM HERE WHICH
IS YOUR 12,PM OK, AND YOU KNOW THE OFFICER ARE
SUPPOSE TO DELIVER TO YOU TODAY AS AGREED YOU
REMEMBER?

THANKS.

BARR. BROWN

19.10.201X

SIR,

PLEASE AM SO SORRY SIR OK, YOU KNOW I TOLD
YOU THE TAX OFFICE IS ABOUT 3 HOURS DRIVE FROM
MY OFFICE OK,

WHEN I GOT HOME YESTERDAY IT WAS ABOUT 10, 45
PM DOE TO TRAFFIC OK, I TOLD YOU IN MY EMAIL.

THEY TOLD ME ALL THIS INFORMATION WHEN I WAS
ABOUT TO LEAVE THERE OFFICE YESTERDAY AND
THERE WAS TO PLACE I COULD SEND EMAIL TO YOU
FROM THERE UNLESS I GET HOME THAT WAS WHY SIR
AM SO SO SORRY SIR OK.
FINALLY SIR, THERE IS NOTING I CAN DO WITH OUT
THE COMPLETE MONEY TO CONCLUDE THIS AS YOU

KNOW TIME IS NO MORE ON OUR SIDE OK.

SO SIR PLEASE TRY YOUR BEST TO SEE IF YOU CAN
SEND THE BALANCE NOW PLEASE SIR.

I AM WAITING SO THAT I WILL NOT GO THERE TWO
TIMES OK, THERE OFFICE IS VERY VERY FAR.

THANKS.
BARR. BROWN

20.10.201X

sir,

did any one called yesterday from Africa?

21.10.201X

sir,
how are you today and your family,

sir all we are going to do today have to be a fast one
because all must be concluded today, and also
remember we promised the embassy Tuesday we will
send them all the certificates and to receive our
consignment on Wednesday.

so sir, you have to go and send the fees now so i can go to Abuja to get all this certificates ok, for you know is not in lagos is in another city of about 7to 8 hours drive because i dont have money to fly, because by air is about 2 hours.

sir am waiting for the western union information now ok.

thanks.

21.10.201X

SIR,

HOW WAS YOUR DAY?

SIR REGARDING TO THE 70% AND THE 30%, REMEMBER FROM THE 70% , 10% EXPENSES IS FROM THERE, SO FINALLY THE DIRECTOR OF THE SECURITY COMPANY WILL TAKE 30% WHILE I TAKE 30% TOO OK WHICH I TOLD YOU FROM THE FIRST TIME.

SECONDLY, YOU REMEMBER I PAID $12,500 DOLLARS TO THE SECURITY COMPANY BEFORE THEY COULD RELEASE THE FUND IN YOUR NAME, AND I PAID IT ALONE OK.YOU DID NOT PAY ANY CENT.

FINALLY, I HAVE TOLD YOU THAT ANY CHARGES OR
FEES ANY OF US PAID IN REGARD OF THIS
TRANSACTION, WILL BE GIVING BACK TO EACH AND
EVERY PERSON OK., SO I DON'T KNOW WHY YOU ARE
FEELING CHEATED NOW.

SO PLEASE SIR, TRY YOUR BEST SO THAT WE CAN
CONCLUDE THIS DEAL ONCE AND FOR ALL
TOMORROW OK.

THANKS.

BARR. BROWN

22.10.201X

Sir,

Unfortunately I have been warnde not to go ahead with
such payments. Therefore if you want to do this business
you have to pay all further fees. As you mention they will be
paid back - even to you.

Regards

Mr. XY

22.10.201X

SIR,

GOOD MORNING SIR.

SIR I CAN PAY ALL THE FEES IF I HAVE IT OK, BUT YOU

MR. XY,

KNOW WHEN I HAVE SOME MONEY I PAID THE SECURITY COMPANY FEE WITH OUT YOU BRINGING A CENT OK, SO WHY ARE YOU DOING THIS NOW WHEN YOU KNOW I DON'T HAVE SUCH MONEY TO PAY AT THIS TOME?

FURTHER, AS YOU WANT IT THAT WAY, YOU PAY FOR THE THREE CERTIFICATE WHILE I PAY FOR ONE OK, PLEASE SIR I DONT HAVE ANY MORE MONEY WITH ME NOW , AND YOU KNOW THE MORE THE BOX IS WITH THE EMBASSY IS NOT GOOD OK.

SO SIR PLEASE TRY YOUR BEST LET US CONCLUDE THIS TRANSACTION NOW.

BARR. BROWN

22.10.201X

Sir,

I don't believe anymore in this business. Please check how much I already have paid for. I am sorry, I told you before that I cannot pay anymore.

If you believe in this business you should be able to pay the rest anyhow.

Regards

24.10.201X

SIR,

AS I TOLD ON PHONE, THE COURT SAID YOU HAVE TO COME TO THERE OFFICE TO SIGN YOUR MONEY LAUNDRY CERTIFICATE BY YOUR SELF AS THE BENEFICIARY OF THE SAID FUND, BET IF YOU CAN NOT COME, YOU HAVE TO PAY FOR SIGNING FEE OF 1,000 EUROS FOR NOT BEEN ABLE TO COME FOR THE SIGNING.

FURTHER, THEY SAID IF YOU CAN COME, THERE WILL BE NO PAYMENT AT ALL OK. AND ALSO THEY SAID YOU WILL PAY FOR STAMP FEE TOO OF 500 EUROS ONLY , ALL WILL BE OK AS SOON AS THIS DONE.

FINALLY, YOU HAVE TO SEND THE FEES NOW SO THAT OUR CERTIFICATE CAN BE ISSUED TODAY WITH OTHER PEOPLES OWN TOO, WE ARE NOT THE ONLY PEOPLE

THAT IS PAYING FOR ALL THIS CHARGES OK.

SIR THIS IS THE ONLY OPTION WHICH THE COURT GAVE TO YOU.

BEST REGARDS. BARRI, BROWN.

25.10.201X

Sir,

We have been reported by our experts that you are using a scam mail address for yourself although this address belongs to an other person. Furthermore the documents you have sent are fraudulent because the organization doesn't know anything about such an inheritence. I have to advise you that you as sender of these documents are actively involved in criminal activities.

Therefore we are obliged to report an offence against you. The only chance to avoid really big troubles for you would be if you would deliver the consignment without any further delay.

Please be advised that I don't communicate with you any more neither by mail nor by phone.

I only can advice you to deliver the consignment till latest Tuesday, 29 October 2013, after this term we have to inform Interpol.

Regards

Mr. XY

25.10.201X

SIR,

WHO TOLD YOU ALL THIS NONSENSE BECAUSE I KNOW WHAT I AM DOING FOR YOU OK. AND FOR MY SELF TOO OK, I SPENT MONEY TOO OK, AND IAM INVOLVE TOO   OK.

SIR GIVE THE PERSON THAT TOLD YOU ALL THIS TO CONTACT ME, OR YOU GIVE ME ALL THERE NUMBERS SO THAT I TALK TO THEM AND CONFIRM IF THEY ARE THE PEOPLE FROM MY LATE CLIENTS FAMILY OR NOT.

SO I WAIT FOR YOU NOW WITH ALL THERE INFORMATION OK.

THANKS.

BARR. BROWN

28.10.201X

SIR,

I HAVE RECEIVED THE TWO CERTIFICATE ONE HOUR
AGO OK, AND THE UNITED NATION OFFICE SAID THAT
I HAVE TO GO TO LAGOS AND BRING THE OTHER TWO
CERTIFICATES WHICH THEY GAVE TO ME BEFORE,
WHICH I SENT TO YOU LAST TIME OK. BECAUSE THEY
WANT TO SEND ALL THE CERTIFICATES TO THE
EMBASSY BY THERE SELF FOR THE FINAL RELEASE OF
THE BOX FROM EMBASSY TOMORROW TO YOU WITH
OUT ANY OTHER PROBLEM OK.

FURTHER, THE UNITED NATION OFFICE SAID THAT
BEFORE THEY WILL SEND ALL THE FOUR CERTIFICATES
TO THE EMBASSY IN YOUR COUNTRY FOR THE
RELEASE OF YOUR FUND, YOU HAVE TO PAY 3,500
EUROS FOR THE INSURANCE INDEMNITY COVERAGE
OF THE TOTAL SUM OF $ 10,MILLION DOLLARS ONLY
WHICH THE OFFICERS ARE DELIVERING TO YOU OK.

SO AS IT IS NOW, I NEED TO GO BACK TO LAGOS NOW
TO GO AND GET THE OTHER TWO CERTIFICATES, BUT I
NEED 300 EUROS NOW FOR MY ARI TICKET NOW,
AND IF I GET TO LAGOS NOW, MY FRIEND HAS
PROMISED TO GIVE ME 500 EUROS TO HELP WITH
THE INSURANCE FEE OK.

FINALLY, FROM THE INSURANCE FEE OF 3,500 EUROS,
I WILL GET 500 EUROS NOW WHEN I GET TO LAGOS

OK, SO YOU HAVE TO SEND 3,000 EUROS FIRST THING TOMORROW SO THAT I CAN GO BACK TO ABUJA TO GIVE THEM THE INSURANCE FEE FOR THE FINAL RELEASE OF THE FUND TOMORROW OK, BECAUSE THEY SAID EVERY THING MUST BE CONCLUDED TOMORROW OK.

SO I WAIT FOR THE TICKET FEE TO GO BACK TO LAGOS NOW PLEASE OK, JUST 300 EUROS NOW OK, VERY IMPORTANT SO THAT I GO LOOK FOR SOME MONEY FOR THE INSURANCE OK.

THANKS.

BARR. BROWN

29.10.201X

SIR,

AS I TOLD YOU ON PHONE, AS SOON AS YOU PAY THE 3,300 EUROS NOW FOR THE INSURANCE OF THE FUND AS THE UNITED NATION ASK US TO DO, ALL THE CERTIFICATES WILL BE SEND TO THE EMBASSY FOR FINAL RELEASE OF THE FUND TO YOU WITH OUT ANY OTHER PAYMENT OK.

FURTHER, AS SOON AS THIS IS DONE TODAY AS YOU PROMISED, THERE WILL BE NO OTHER CHARGES OR FEES TO BE PAID UNTIL YOU RECEIVE THE FUND, AND PLEASE YOU HAVE TO GET READY TO RECEIVE ME OF

THURSDAY OR FRIDAY AS SOON AS YOU RECEIVE THE
FUND TODAY FROM THE DELIVERY OFFICERS OK.

THANKS

BARR. BROWN.

29.10.201X

SIR,

THERE IS NO PROBLEM ABOUT WHAT YOU TOLD ME
ON PHONE TODAY, ABOUT SENDING THE FEES
TOMORROW, PLEASE YOU HAVE TO SEND THE FEES
VERY EARLY IN THE MORNING SO THAT WE WILL NOT
LOOSE ALL WE HAVE LABORED FOR OK.

SIR YOU KNOW AM STILL IN THE HOTEL SINCE THAT
DAY AND IT IS MONEY THAT AM PAYING YOU KNOW
THAT? AND THE UNITED NATION HAS BEEN CALLING
ME SINCE TODAY TO BRING THE CERTIFICATES AND
THEY DONT EVEN KNOW THAT I AM STILL IN ABUJA,.

SO SIR, PLEASE DON'T LET US LOOSE THIS
TRANSACTION AND ALL WE HAVE SPENT OK, BECAUSE
THIS FUND $ 10,MILLION DOLLARS IS MY LIFE OK
PLEASE.

I WAIT FOR THE PAYMENT INFORMATION
TOMORROW MORNING BEFORE YOUR 10, AM

PLEASE, BECAUSE THAT WAS WHAT THE UNITED
NATION GAVE TO ME TOMORROW OR THEY WILL
COUNCIL THE FUND PLEASE VERY IMPORTANT OK.

THANKS,
BROWN.

30.10.2013

SIR,
SEND ME EMAIL AND TELL ME WHAT IS THE PROBLEM
NOW OK, IF YOU DON'T HAVE ALL THE FEE NOW, YOU
SEND ME 600 EUROS TO GO BACK TO LAGOS TO LOOK
FOR THE FEES FROM MY FRIENDS OK.

30.10.201X

SIR,
AM IN ABUJA NOW OK, I FINALLY GOT 2,000 EUROS
FROM MY FRIEND, AND I USED 600 EUROS FOR MY
TICKED TO ABUJA, AND 400 EROS FOR MY HOTEL
NOW TILL TOMORROW, SO NOW AM WITH THE 1,000
EUROS AS I TOLD YOU ON PHONE AND I TOLD THE
UNITED NATION OFFICER THAT I WILL BE IN THERE
OFFICE BY 9.AM TOMORROW MORNING AS WE
AGREED TODAY WHEN I WAS LEAVING FROM ABUJA
TO LAGOS AS YOU SEND THE TICKET FEE TO ME
TODAY OK.
FURTHER, WHAT WE NEED NOW IS 2,600 EUROS ONLY
OK, AND I AM HAPPY NOW THAT THE UNITED NATION
OFFICE HAVE GIVEN US A GUARANTEE THAT AFTER
THIS PAYMENT NOW NO OTHER CHARGES UNTIL THE
EMBASSY DELIVER THE FUND TO YOU WITH OUT ANY

OTHER PROBLEM. SO SIR, TRY YOUR BEST TO SEND
THE FEES FIRST THING TOMORROW MORNING
BEFORE YOUR 9,AM OK, SO THAT I CAN CONCLUDE
WITH THEM TO AVOID ANOTHER HOTEL FEES OK.
THANKS
BROWN.

30.10.201X

sir,

did you receive the guarantee the united nation officer
director sent to you?

Regards

Mr.XY

01.11.201X

SIR,

I AM PROMISING YOU ALL MY LIFE THAT THIS IS THE
ONLY FEES TO PAY NOW UNTIL YOU RECEIVE THE
FUND IN YOUR ADDRESS TODAY WITH OUT ANY
PROBLEM OK.

I AM GIVING YOU MY WOLD OK, AND I AM TELLING
YOU NOW THAT THE GUARANTEE IS NOT FAKE OK,
REMEMBER YOU WERE ASK TO COME IN PERSON

BEFORE, TO DO EVERY THING BY YOUR SELF BUT YOU
DID NOT COME.

IF IT WERE TO BE FAKE THEY WILL NOT HAVE INVITED
YOU TO COME YOU KNOW THAT, CANT YOU ASK YOUR
SELF THIS QUESTION.
SIR I WILL ADVICE YOU TO GO AND SEND THIS MONEY
SO THAT WE CAN BE HAPPY TODAY, AND THEY
PROMISED ME THAT AS SOON AS THIS IS DONE
TODAY, YOU WILL RECEIVE THE FUND THE SAME
TODAY OK, WHY DON'T YOU DO THIS FOR THE LAST
TIME.

FINALLY, IF YOU THINK THE GUARANTEE IS FAKE, MY
TRANSACTION IS NOT FAKE OK, OUR FUND IS IN YOUR
COUNTRY ALREADY OK.

THANKS.

BARR. BROWN

03.11.201X

SIR,

HE SAID IF YOU LIKE SEND THE FEES OR IF YOU DON'T
LIKE YOU SHOULD FORGET IT, THAT HE IS NOT
LOOSING ANY THING FROM IT, THAT AT THE END OF
THE MONTH HE WILL RECEIVE HIS SALARY .

AND I KNOW THAT THIS IS THE LAST FEES, AND I
ASSURE YOU THAT IF ANY OTHER FEES COMES AFTER
THIS FEES NOW, I WILL PAY IT WITH OUT ANY CENT
FROM YOU OK.

SO SIR, YOU DON'T MIND HIM OK, LET US CONCLUDE THIS TRANSACTION ONCE AND FOR ALL BY TOMORROW AS SOON AS YOU SEND THE FEES.

SECONDLY AS HE SAID, IF WE RECEIVE THE FUND OR NOT, HE IS NOT LOOSING ANY THING OK, WE ARE LOOSING, BECAUSE YOU KNOW HOW MUCH WE ARE LOOSING AND WHAT WE ARE LOOSING IN THIS TRANSACTION.

 SIR, I ADVICE YOU TO FORGET ABOUT THE GUARANTEE AS HE SAID HE IS NOT RESENDING IT OK, LET US PROCEED IN OUR TRANSACTION AND RECEIVE THE FUND BY TOMORROW AS HE HAVE ASSURED US IN HIS GUARANTEE.
THANKS,
BROWN.

04.11.201X

SIR,

TODAY I HAVE GOTTEN AN INVESTOR OK,, I HAVE TOLD THE INVESTOR NOW ABOUT YOU, AND I TOLD HIM HOW MUCH YOU AND I HAVE SPENT REGARDING TO THIS TRANSACTION OK,

SO NOW, THE SHEARING METHOD HAS CHANGED OK, SO WHAT I AGREED WITH HIM NOW IS, YOU AND MR JOSEPH IKE THE INVESTOR WILL TAKE   40%, OF THE TOTAL SUM, AND I AND THE SECURITY
COMPANY MANAGER WILL TAKE 40% OF THE TOTAL

SUM TOO,THEN 20% FOR THE EXPENSES OK.

 AND TODAY MR JOSEPH IKE HAS GIVEN ME 3,000
EUROS OK, BUT I HAVE USED 800 EUROS TO PAY MY
HOTEL BILLS BECAUSE AS I TOLD YOU IN MY EMAIL
THAT YOU SHOULD REMEMBER MY HOTEL FEE FOR
ONE WEEK NOW, AND YOU SAID NO PROBLEM.

SO NOW THE LITTLE PROBLEM WE ARE HAVING NOW
IS THE 800 EUROS WHICH I REMOVED FROM THE
TOTAL FEE, BECAUSE THE HOTEL MANAGEMENT
ARRESTED ME TODAY WITH A POLICE, THAT I MUST
PAY THEM THERE MONEY BEFORE MOVE TO ANY
PLACE OK, THAT WAS WHY I COULD NOT WRITE TO
YOU SINCE UNTIL I PAID THEM OK.

FURTHER, I HAVE PAID NOW AND WE NEED BALANCE
OF 800 EUROS, SO PLEASE CAN YOU HELP US WITH
THAT SO THAT WE CAN CONCLUDE THIS
TRANSACTION FIRST THING TOMORROW MORNING
OK.BECAUSE THAT IS THE ONLY THING THAT IS
HOLDING US NOW, AND THE INVESTOR SAID HE DID
NOT HAVE ANY OTHER MONEY AGAIN OK.

FINALLY, SIR PLEASE HELP US BECAUSE WITH OUT
THIS BALANCE NOT WILL BE DONE OK.

THANKS.
BROWN.

05.11.201X

SIR,

TODAY I HAVE TALK TO MR JOSEPH IKE ABOUT YOUR NEW SHEARING METHOD AND HE HAS AGREED WITH THAT OK,

BECAUSE I TOLD HIM WE HAVE SPENT SO MUCH MONEY REGARDING TO THIS TRANSACTION, AND JUST SPENT ONLY 3,000 EUROS, BUT HE SAID HE CAME IN WHEN WE NEEDED HIM, WHEN WE COULD NOT CONCLUDE OUR TRANSLATION.

BUT AFTER MUCH TALK WE AGREED, SO ALL YOU HAVE TO DO NOW IS TO GO AND SEND THE 900 EUROS NOW TO MR DAVID MORGAN, SO THAT ALL CAN BE DONE TODAY,

AS YOU KNOW I SLEPT INSIDE A CAR LAST NIGHT TILL THIS MORNING OK, SO ANY THING YOU WANT TO DO HAVE TO BE FAST BECAUSE I DON'T HAVE ANY MORE MONEY HERE WITH ME TO PAY FOR ANY HOTEL AGAIN BECAUSE I MUST GO HOME TODAY, AND I DONT EVEN HAVE MY TICKET FEE TO LAGOS NOW OK.

SO I WANT US TO FINALIZE EVERY THING ABOUT THE TRANSACTION TODAY, AND YOU RECEIVE THE FUND TODAY AS THEY SEND THE CLEARANCE FEE TO THE EMBASSY NOW OK.

I WAIT FOR THE PAYMENT INFORMATION SOON NOW OK.

THANKS.
BROWN.

05.11.201X

SIR,

THERE IS NO PROBLEM, BUT YOU KNOW MY HOTEL FEE NOW IS FOR TWO DAYS, TODAY AND TOMORROW OK.

SO SIR, WHAT YOU HAVE TO SEND NOW IS 1,000 EUROS FOR THE DELAY OK, AND EVERY THING WILL BE CONCLUDED TOMORROW AS WELL TOO, AND THE DELIVERY WILL BE DONE TO YOUR ADDRESS TOO.

THANKS.
BROWN.

06.11.201X

SIR,
I AM SO SO SORRY ABOUT ALL THAT HAPPENED TODAY IN SENDING MONEY TO AFRICA OK, BUT PLEASE SIR HELP ME FOR THE LAST TIME,.

SIR I AM VERY HAPPY YOU KNOW WE HAVE CONCLUDED EVERY THING ABOUT THIS TRANSACTION TODAY OK, AND BEFORE 12,NOON TOMORROW THE FUND WILL BE WITH YOU WITH OUT ANY OTHER PROBLEMS OK AS I GET TO LAGOS TOMORROW..

FURTHER SIR, ALL I NEEDED FROM YOU NOW IS JUST A HOTEL FEE AND MY TICKET FEE TO GO BACK TO LAGOS AND SEND THE CODE NUMBERS OF OUR

CONSIGNMENT BOX OF OUR FUND TO THE EMBASSY
TO DELIVER TO YOU OK.

AS YOU KNOW THAT WITH OUT THE CODE NUMBERS
OF OUR BOX, THE BOX WILL NOT BE DELIVERED TO
YOU, OF WHICH YOU KNOW THAT THE CODE
NUMBERS ARE IN MY OFFICE IN LAGOS OK. AND
THERE IS NO WAY I CAN GET TO THE CODE NUMBERS
WITH OUT ME GOING BACK TO LAGOS OK, PLEASE
SIR HELP ME OK, I WILL PAY YOU BACK AS SOON AS I
GET TO YOUR COUNTRY ON SATURDAY OK.

FINALLY SIR, PLEASE IF YOU CAN SEND THE FEES 900
EUROS ONLY, MY TICKET FEE AND MY HOTEL FEE TO
ME IN NIGERIA, IT WILL BE BETTER FOR ME TO
MOVER FAST TO LAGOS, BUT IF YOU CAN NOT SEND
IT TO AFRICA, PLEASE YOU CAN SEND TO MY AGENT
IN GERMANY,
MR , ETER STEPHEN.
VIA WESTERN UNION MONEY TRANSFER OK.
THANKS,
BROWN.

07.11.201X

ATTENTION MR: XY

WE ARE WAITING FOR THE CODE NUMBERS OF YOUR
CONSIGNMENT BOX TO SEND IT TO THE EMBASSY,
BECAUSE THAT IS THE ONLY THING THAT IS HOLDING
YOUR TRANSACTION NOW.

BEST REGARDS,
WILLIAMS.

07.11.201X

SIR,

PLEASE HELP ME SIR,, AS SOON AS I COME TO YOUR COUNTRY I WILL GIVE IT BACK TO YOU OK, PLEASE SIR.

THERE IS NOTHING I CAN DO FROM HEAR OK, IF THERE IS, I WILL NOT BE HEAR SINCE YESTERDAY, WHY ARE YOU SO WICKED TO ME YOUR FRIEND, YOUR BUSINESS PARTNER?
IS THIS THE WAY WE ARE GOING TO BE GOOD PARTNERS, WHEN YOU CAN NOT HELP YOUR FRIEND OUT OF A PROBLEM WHEN YOU CAN, IS TOO BAD OF YOU, YOU DON'T REMEMBER WHAT TOMORROW WILL BE WHY?

THANKS. BROWN

07.11.201X

Sir,

Please send me the instruction for tomorrow.

I also should know:

1. The name of the man who is in Hotel Victoria awaiting me?
2. Is this man a security man or working in the Embassy?
3. Has this man a mobile number to call him?
4. Which documents he will show me?
5. Name and location of the Embassy?
6. Will we go together to take the boxes with him?
7. Will we open the boxes and check the content in the Embassy?
8. When will you come to Switzerland to take your part?
9. Can you give me the code for the Embassy?

We will meet him on 10:15 in the Lobby of Hotel. Please answer my questions and inform this man about our meeting tomorrow morning.

Regards

Mr. XY

07.11.201X

SIR,

YOU KNOW I TOLD YOU EVERY THING IS REAL BUT YOU DID NOT TRUST WHY? I AM HAPPY EVERY THING WENT WELL OK.

SO NOW I SPOKE TO THE DELIVERY OFFICER, AND THEY TOLD ME THAT YOU SHOULD COME ALONE WITH YOUR PASSPORT FOR MORE IDENTIFICATION FOR SECURITY REASONS OK.

SECONDLY, THEY SAID IF YOU COME WITH SOME BODY, THEY WILL NOT MEET YOU, AS IT WAS THE INSTRUCTION FROM THERE OFFICE IN LONDON OK, TO AVOID ANY DIVERSION OR INTERCEPTION OF CONSIGNMENT OK.

FURTHER, YOU HAVE TO KEEP EVERY THING ABOUT THE FUND VERY SECRET OK, DO NOT TELL ANY ONE ABOUT IT BECAUSE THIS IS CASH MONEY, YOU DONT KNOW YOUR ENEMIES OK.

SOME OF YOUR FRIENDS MAY NOT BE HAPPY WITH YOU THAT YOU ARE HAVING SUCH HUGE AMOUNT OF MONEY JUST LIKE THAT OK.

FINALLY, ALL YOU HAVE TO DO IS TO MEET WITH THE OFFICERS AND GIVE THEM THE DELIVERY AND DEMO RAGE FEE OF 37,000 EUROS FOR SAFE KEEPING OF THE BOX FOR THREE WEEKS OK. AND THEY WILL GO AND PAY THE EMBASSY AND COME AND DELIVER TO YOUR HOUSE WITH OUT ANY PROBLEM OK.

AND YOU SHOULD NOT GO TO THE EMBASSY WITH
THEM TO AVOID ANY QUESTIONS FROM THE
AMBASSADOR, AS YOU KNOW THIS IS A DEAL WE
ARE DOING, TO AVOID ANY IMPLICATIONS, BECAUSE
THEY MAY ASK YOU SOME QUESTIONS THAT YOU
CAN NOT ANSWER REGARDING TO THE ORIGIN OF
THE FUND AND WHO OWNS THE FUND ORIGINALLY
OK,

SO PLEASE, LET ME KNOW AS SOON AS YOU RECEIVE
THE BOX, AND PLEASE DON'T LET THE DELIVERY
OFFICERS TO KNOW THAT WHAT IS INSIDE THE BOX IS
CASH MONEY, BECAUSE THERE COMPANY DID NOT
LET THEM TO KNOW THAT WHAT IS INSIDE THE BOX
IS CASH MONET TO AVOID ANY DIVERSION OK.

THANKS,
BARR. BROWN.

08.11.201X

Sir,

The situation is completely different from what
you are talking about. In no mail of you it was
mentioned that I have to pay EUR 37'000 and a
couple of hours later only EUR 10'000.

This is not the normal procedure I have
expected from you. You told me that you will come

immediately to Switzerland when the code number is given.

Now you are still in Nigeria, and I should meet a person I don't know to pay EUR 10'000 in advance. Such a crazy thing I never do. I have not seen any documents, I didn't receive the personal data of the person I should meet.

But the best is: I could not meet this person at 3 pm in the Hotel because he called me at 2 pm that he is organizing the documents and will call me back when he has all together.

At 4 pm he called me to tell me that I have to pay EUR 10'000 – and I told him that I never will pay before having seen what I should receive. I told him that I firstly have to check the content of the boxes – and if everything is ok I will pay. Then he cut off the call informing me before that he has to go back to London. I don't know what this person is playing, but I will know it very soon supported by the police.

The whole procedure of today is nothing else than a criminal act. If I don't receive these boxes latest on Monday I will inform Interpol and give them all correspondence I have.

Regards

Mr. XY

09.11.201X

SIR,

GOOD DAY SIR.
I RECEIVED YOUR EMAIL OK, AND IT WAS VERY
UNDERSTANDING.

BASE ON YOUR EMAIL, FIRST THING IN THIS
TRANSACTION, I TOLD YOU THAT DELAY IS TOO BAD
IN THIS TRANSACTION,

SECONDLY, THE EMBASSY SAID THEY PAID 7,000
EUROS TO THE CUSTOMS AT YOUR AIRPORT THE DAY
THE CONSIGNMENT AND THE DELIVERY OFFICERS
ARRIVES SWITZERLAND OK.

AGAIN, THEY SAID YOUR CONSIGNMENT STAID THREE
WEEKS AND SIX DAYS WITH THEM, AND OF WHICH
YOU KNOW I TOLD YOU THAT THE EMBASSY SAID IF
THE BOX STAYS WITH THEM YOU PAY 70 EUROS EACH
DAY, UNTIL THE DAY OF THE DELIVERY OK.

FURTHER, IT IS ALL THIS PUT TOGETHER THAT MAKE'S
UP THE CHARGES THEY ASK YOU TO PAY NOW OK.

FINALLY, I ADVICE YOU TO MEET WITH THE OFFICER
AND GIVE HIM THE CHARGES SO THAT THEY CAN
DELIVER TO YOU WITH OUT ANY PROBLEM.

YOU KNOW I DON'T HAVE ANY MONEY TO PAY FOR
MY TICKET TO YOUR COUNTRY, THAT WAS WHY I
TOLD YOU TO RECEIVE THE FUND FIRST SO THAT YOU
CAN SEND ME MONEY FROM THE BOX SO THAT I CAN
PAY FOR MY TICKET TO YOUR COUNTRY OK.

BUT IF YOU REALLY WHAT ME TO COME AND TALK TO
THE OFFICERS BY MY SELF, OR TO GO AND MEET THE
OFFICERS WITH YOU, WHICH MEANS YOU HAVE TO
SEND ME TICKET FEE TO TRAVEL TO YOUR COUNTRY
FOR YOU KNOW I DON'T HAVE ANY MONEY NOW.

AND I SPOKE TO THE EMBASSY OFFICER YESTERDAY,
AND THEY TOLD ME THEY TOLD ME THE WE HAVE
FROM YESTERDAY TILL MONDAY, OR THEY WILL
RETURN THE BOX TO LONDON, AND ALREADY THE
OFFICERS ARE LEAVING YOUR COUNTRY ON MONDAY.
SO PLEASE YOU HAVE TO TRY YOUR BEST SEE WHAT
YOU CAN DO FAST NOW OK, BEFORE WE LOOSE ALL
OK.
THANKS,
BROWN.

09.11.201X

SIR,

SORRY I MADE A MISTAKE IN TYPING, THE STORAGE IS
700 EUROS A DAY NOT 70 EUROS OK. SO THE
EMBASSY SAID THAT ALL THE CHARGES OF 37,000
EUROS IS BOTH THE CUSTOMS CLEARING FEE
OF 7,000 EUROS ONLY THEY PAID AT THE AIRPORT,
THEN THE STORAGE FEE OF 14,70O EUROS ONLY,
AND THERE OWN CLEARING FEE IS 15, 200 EUROS
ONLY OK

FURTHER, THAT WAS HOW THE EMBASSY SENT THE

BILLS TO ME TODAY, AND THEY SAID THE OFFICERS WILL LEAVE FOR GERMANY TOMORROW, SO IF WE ARE READY ON MONDAY THEY WILL COME BACK FOR YOUR DELIVERY, AND IF BY MONDAY NOTING IS DONE THEY SEND BACK THE BOX TO UK, SO WHAT DO THINK WE DO NOW?.

FINALLY, I SUGGEST YOU SEND ME SOME MONEY TO COME OVER TO YOUR COUNTRY, AND GO TO THE EMBASSY BY MY SELF I HOPE IT WILL BE BETTER FOR US OK,

AND I CAN STAND AS A COLLATERAL AT THE EMBASSY WHILE THE DELIVERY OFFICERS TO GO AND DELIVER TO YOU, AND WHEN THEY COMES BACK WITH THE CHARGES YOU WILL PAY THEM FROM THE BOX, THEN I CAN NOW TO MEET YOU OK, HOW DO YOU SEE SEE IT?

PLEASE THE SUGGESTION OS OK BY YOU, THEN WE THINK ABOUT HOW YOU ATRE GOING TO SEND ME THE 3,500 FOR MY TICKET AND MY VISA PROCUREMENT OK.

THANKS.
BROWN.

10.11.201X

Sir,

I will give you my thoughts about the whole story:

1. First of all - you didn't answer my questions.

2. You didn't inform me in advance about the expenses I am not obliged to pay any Euro.

3. You didn't give in your instruction the most important data of the prson I should meet in Basel.

4. I didn't receive the possibility to get the boxes, to open them and to verify the content.

5. You didn't come to Switzerland - as you mentioned in your mail - to finalize this transfer.

6. You are always talking of the <Embassy> I even didn't receive its name and address.

7. You didn't arrange anything what would have helped to pay charges out of the box.

8. The flight from Lagos to Zurich costs only EUR 1280, the Visa EUR 150. Why should I send you EUR 3500?

9. One of my lawyers could do the same operation as you if it would be a real business behind.

Alone these 9 points are enough to be more careful and to doubt if this is a real and fair business.

Therefore as a last try I asl you imperatively to arrange the following steps for proceeding:

A. I receive all the original documents to get them proofed by one of my lawyers in the bank. After a positive result:

B. The boxes will be delivered to a bank in UK, where they will be opened and the content verified by the bank.

C. The officer will receive out of the boxes the expenses for storage-, customs- and delivery fees, and your flight fees.

D. 2% of the gross value will be paid to the bank for its services.

E. 1% of the gross value will be paid back to me and Mr. YY

F. 30% of the net value of the boxes will be transferred to one of my accounts and will be taxed.

G. 70% of the net value will be deposited on behalf of your name in the bank for longest 2 weeks.

This is the only legal way we can follow up. If you are not able to draw this business in the right direction we have to stop immediately. The procedure proposed is a common and legal step by step operation that can be done very quickly.

Should you not be able to legalize this operation I am forced to send all information to Interpol. They will investigate all persons and details as you may know.as a barrister.

Please don't send anymore scouts to observe where I am living and don't call me anymore neither on my landline nor on my mobile. From now on confirm me via e-mail. if you are capable to manage this operation from A up to G.

Regards

Mr. XY

Diese chronologisch dargestellte Geschichte zeigt, wie intensiv kriminelle Täterschaften ihre <Opfer> bearbeiten. Die meisten solcher Aktionen werden in Internet Cafés gestartet und durchgeführt. In diesem Fall ist auch unklar, ob der Täter <Brown> heist und wirklich Anwalt ist.

Als angespochene Person darf man gar nicht so lange mit diesen Krimnellen im Kontakt sein. In diesem Beispiel wurde das Szenario deshalb ausgereizt, um eine möglichst vollständige Story abbilden zu können.

Kapitel 4
Ein falscher Anwalt und eine nicht existente Bank

Da meldet sich ein <Anwalt> aus London per Mail und berichtet darin folgendes:

Lieber Empfänger dieses Mails,

Ich melde mich bei Ihnen, weil auf Grund meiner Recherchen Ihre Qualifikation zu dem in Vorbereitung stehenden Geschäft sehr gut passen würde. Ich bin beauftragt, für ein Mitglied der Regierung eines Landes im mittleren Osten eine vertrauenswürdige Person zu finden, die ein Vermögen von USD 6.5 Millionen entgegen nehmen und fachgerecht verwalten kann. Alle notwendigen Aktivitäten werden über meine Kanzlei abgewickelt. Sollten Sie an diesem Mandat interessiert sein, bitten wir Sie, uns Ihre persönlichen Daten zusammen mit einer Kopie Ihres Reisepasses zuzusenden.

Besten Dank für Ihr Vertrauen, das Sie uns berechtigt entgegenbringen.

Beste Grüsse

Paul Simms

Der Empfänger hat das Mail zweimal gelesen und ist zu dem Schluss gekommen. dass dieses Mail sich in der Tat von all den anderen, die er in diesem Bereich erhalten hatte, angenehm unterscheidet. Da bietet ein <Anwalt> aus London ein Geschäft an, das er komplett begleitet, das Vermögen gehört offensichtlich einer Regierungsperson eines Landes aus dem Mittleren Osten. Diskretion ist also angesagt.

Also entschliesst sich der Asset Manager bei seiner Bank ein Treuhandkonto zu aktivieren.

Da erhält er ein Mail von Frau Nazira, die anfrägt, ob er als Asset Manager die Möglichkeit habe, die Barschaft in London in eine Bank einzubringen?

Er meldete unverzüglich, dass er dazu keine Möglichkeiten sähe.

Sie berichtet kurz, dass sie eine Möglichkeit gefunden hätte. Eine Freundin von ihr Dr. Susan, würde die Barschaft in die <Anfild Trust Bank London> bringen und für diesen Dienst aus der Barschaft gleich USD 150'000.00 entgegennehmen, USD 6.35 Millionen ins Depot der Bank geben. Die Bank würde sich dann mit ihm in Verbindung setzen zwecks Kontoeröffnung und Transfer.

Wenige Tage später meldete sich per Mail Mr. David Brown, seines Zeichens Banker bei Anfild Trust Bank. Er sandte dem Asset Manager ein Formular zur Kontoeröffnung, was dieser umgehend ausfüllte und zurücksandte.

Nur zwei Tage später erhält der Asset Manager eine SMS auf sein Handy. <Anfild Trust Bank> schrieb: <Congratulation>! Your account Nr.233445XXXX has been successfully activated. Parallel hat er ein Mail von <Anfild> erhalten, in dem die Kontodaten bestätigt wurden und der Betrag von USD 6.35 Millionen aufgeführt ist. Dieses Mail kam vom <Customer Service> der <Bank>.

Als nächster Schritt meldet sich der Asset Manager für das e-banking mit einem Formular an. Mr. Brown schreibt ihm, dass er innerhalb 48 Stunden Zugriff auf sein Konto habe.

In einem weiteren Mail erkundigt sich Frau Nazira nach dem Stand der Dinge. Der Asset Manager schreibt ihr, dass alles seinen Weg nähme und er mit dem Service der <Bank> sehr zufrieden wäre.

In der Tat meldet sich der <Customer Service> beim Asset Manager und teilte ihm die Zugangsdaten zum e-banking, sowie den Link zum e.banking mit.

Sofort loggt sich der Asset Manager ein und ist hocherfreut, dass er sein Konto öffnen kann und den Betrag von USD 6.35 Millionen darin aufgeführt findet. Er fragt nun Mr. Brown an, was er tun müsse, um das Geld transferieren zu können.

Mr. Brown teilt ihm mit, dass sich ein Mr. Rees von einer Risk Management Firma gerade damit beschäftigt, von den Behörden zu erfahren, wie man vorgehen müsse. Mr. Rees wäre eine Vertrauensperson der <Bank> und würde sich bei ihm melden.

Mr. Rees hat sich in der Tat gemeldet und mitgeteilt, dass vor Transfer eine Kapitalsteuer gefordert wird und einige Zertifikate, mit denen sich der <Anwalt> Paul Simms befassen würde.

Der Asset Manager hat diese Information an Mr. Brown weitergeleitet und diesen angefragt, ob die entstehenden Kosten von dem Geld auf dem Konto bezahlt werden könnten. Mr. Brown antwortete ihm, dass dies leider nicht möglich wäre, da es sich um ein <Escrow Konto> handle, das solange geschlossen bleibt, bis die erforderlichen Zahlungen geleistet wären. Eine grobe Schätzung der anfallenden Kosten konnte er noch nicht angeben. Die Herren Rees und Simms würden sich jedoch darum kümmern.

Geringe Zeit später erhält der Asset Manager die erste Rechnung von der <Bank> über GBP 4'750.00 für die bisherigen Services. Der Asset Manager zahlt diesen Betrag auf ein Konto bei der Halifax Bank. Der Kontoinhaber ist ihm aber nicht bekannt. Sicherheitshalber fragt er nochmals Mr. Brown und dieser teilt ihm mit, dass der Kontoinhaber ein Agent der <Bank> wäre.

Nun hat sich Mrs. Nazira wieder nach dem Stand erkundigt und mitgeteilt, dass sie in 3 Wochen in London an einer Konferenz teilnimmt und dann eigentlich nicht mehr in ihr Land zurückkehren wolle. Er möge doch alles tun, um den Transfer zeitnah zu beenden.

In einem neuen Mail schreibt nun Mr. Rees, dass für die Zertifikate der Betrag von EUR 7'500.00 zuzüglich der Anwaltskosten von EUR 1980.00 notwendig wären. Die Dokumente würden innerhalb von 72 Stunden nach Zahlungseingang ausgestellt.

Da er Mrs. Nazira nicht enttäuschen wollte, leistete er die Zahlung. Deshalb frägt er Mr. Rees nach den Bankkoordinaten. Dieser sendet ihm eine andere Empfängerbank, und der Asset Manager zahlt über seine Bank.

Wenige Tage später meldet sich Mr. Rees mit der Frage wann die Zahlung erfolge. Der Asset Manager hat bei seiner Bank nachgefragt, ob die Zahlung ausgeführt worden wäre. Diese bestätigt die Ausführung. Er leitet Mr. Rees die Zahlungsbestätigung seiner Bank weiter.

Da meldet Mr. Rees nach 4 Tagen, dass die Zahlung noch nicht eingetroffen wäre. Er bittet den ersten Zahlungsauftrag zurück zu rufen und die Zahlung nochmals aufzugeben, damit keine weiteren Verzögerungen eintreten.

Der Asset Manager tut dies umgehend, wobei ihn der Kundenberater seiner Bank darauf aufmerksam machte, dass der Rückruf nur dann erfolgreich wäre, wenn das Geld nicht bereits auf dem Konto gutgeschrieben wäre. In einem solchen Fall müsste er den Empfänger bitte, das Geld zurück zu zahlen. Der Asset Manager liess sich nochmals von Mr. Rees bestätigen, dass das Geld noch nicht auf dem Konto gutgeschrieben worden ist.

Die zweite Zahlung wurde gemäss Bestätigung von Mr. Rees auf dem Konto gutgeschrieben. Doch teilte Mr. Rees auch mit, dass die erste Zahlung jetzt auch auf dem Konto gutgeschrieben worden sei. Er bat um Mitteilung der Bankkoordinaten zur Rückzahlung.

Der Asset Manager übermittelte unverzüglich seine Bankkoordinaten.

Nachdem er über eine Woche nichts mehr gehört hatte, sandte der Asset Manager ein Mail an Mr. Rees und bat diesen zu bestätigen, dass die Rückzahlung erfolgt sei.

Mr. Rees meldete ihm, dass die Rückzahlung auf das Konto erfolgt sei, das er vor 2 Tagen erhalten habe. Diese Mitteilung hat den Asset Manager vollends verunsichert. Er hat Mr. Rees geschrieben, dass er ihm doch die Bankkoordinaten schon vor einer Woche gesandt hatte.

Mr. Rees antwortete ihm, dass er vor 2 Tagen von einem Mr. Donogue die neuen Bankkoordinaten erhalten habe und dahin wurde die Überweisung getätigt. Der Asset Manager reagierte sofort und erklärte Mr. Rees, das er keinen Mr. Donogue kenne und keine neue Instruktion erteilt habe. Er bat Mr. Rees ihm umgehend diese Bankkoordinaten zu senden, was dieser auch umgehend tat.

Der Asset Manager hat sich bei der Bank telefonisch gemeldet und mitgeteilt, dass offensichtlich ein Betrug vorliege. Der Bankmitarbeiter bat um eine schriftlich Anfrage, da telefonische Auskünfte nicht erteilt werden könnten. Der Asset Manager hat umgehend eine schriftliche Mitteilung an die Bank gesandt. Bereits einen Tag später bestätigt die Bank den

Zahlungseingang auf das Konto und teilte gleichzeitig mit, dass der Betrag bereits abgehoben und das Konto gelöscht wurde. Die Adresse dieses Mr. Donogue könne nur der Polizei mitgeteilt werden, wenn eine Anzeige vorliege.

Der Asset Manager war sehr verärgert und schrieb Mr. Rees, dass er ihn für den Schaden verantwortlich mache. Dieser schrieb ihm zurück, dass er keine Zweifel an der Korrektur der Bankdaten gehabt hätte, da das betreffende Mail von seiner Mailadresse gekommen wäre!

Nun Zeit in ein Verfahren zu investieren und zusätzlich Kosten zu verursachen ist nicht im Vordergrund der Strategie des Asset Managers. Er entschied sich, Mrs. Nazira zu schreiben und diese bedauerte den Vorfall und teilte mit, dass sie über ihren türkischen Bekannten EUR 3'500.00 sende und somit den Schaden halbiere. In der Tat wurde der Betrag überwiesen.

Die entsprechenden Dokumente wurden nun von <Anwalt> Paul Simms als PDF Dokumente per Mail zugesandt. Es handelte sich um <Certificate Money Laundring>, <Certificate Drugs> und <Certificate Terrorism>. 3 Dokumente, die offenbar für die Freigabe des Transfers notwendig sind.

Wenig später schrieb Mr. Brown ein Mail und meldete, dass ein <Affidavit> von den englischen Behörden verlangt würde und dieses Dokument von

<Anwalt> Simms besorgt werden könne. Die Kosten müsse er zuerst eruieren. Am gleiche Tag schrieb Mr. Brown und erklärte, dass die Kosten GBP 4'750.00wären und sandte auch die entsprechenden Bankkoordinaten für die Überweisung.

Der Asset Manager wandte sich nun an Mrs. Nazira und bat sie um Mithilfe, da der Betrag nun doch für ihn nach allen anderen Kosten zu hoch wäre. Er schlug ihr vor, die Hälfte zu übernehmen.

Sie schrieb ihm noch am gleichen Tag, dass sie nur GBP1'500.00 beschaffen könne und dafür wieder ihren türkischen Freund bitten müsste. Immerhin dachte sich der Asset Manager und erklärte sich damit einverstanden. Er informierte korrekterweise Mr. Brown, dass die Zahlung in 2 Teilen erfolge GBP 3'250.00 durch ihn und GBP 1'500.00 von dritter Seite. Er hat die Überweisung gleich getätigt.

Nur 2 Tage später meldete Mrs. Nazira, dass ihr türkischer Freund nur USD 1000.00 senden könne. Sie bat um Ausgleich der Differenz und verwies auf die doch grosszügige Entschädigung von 20% des Gesamtbetrages als Einmalentschädigung. Gleichzeitig teilte sie mit, dass sie ab nächster Woche in London wäre und gab ihm die Telefonnummer, eine Nummer in UK, an.

Er überwies die Differenz um nicht weitere Zeitverzögerungen zu verursachen.

Aus Sicherheitsgründen hat der Asset Manager wieder einmal über das e-banking sein Konto geöffnet und fand nach wie vor die Summe von USD 6.35

Millionen im Konto bestätigt. Soweit alles in Ordnung. Da dieser Transfer einfach nicht zügig voranging, hat er Mr. Brown geschrieben, er möge jetzt alles Notwendige tun, um den Transfer freigeben zu können. Er teilte ihm auch mit, dass Mrs. Nazira nach London käme und sicher ihn in der <Bank> besuchen würde.

Mr. Brown hat ihm am gleichen Tag versichert, dass er mit <Anwalt> Simms alles soweit regeln würde, dass der Transfer so rasch als möglich erfolgen könne.

Unabhängig davon hat sich <Anwalt> Simms gemeldet und mitgeteilt, dass HR Majesty Inland Revenue sich gemeldet habe und mitteilte, dass vor Freigabe des Funds die Tax Clearance bezahlt werden müsse. Er werde bei der Behörde nachfragen, wie hoch die Kosten seien.

Die Überraschung kam postwendend. Die Kosten wurden mit USD 125'000.00 angegeben. Der Asset Manager war natürlich nicht erbaut über diese Nachricht, insbesondere weil er diese Summe gar nicht zahlen konnte. Er hat sich deshalb sofort mit Mr. Brown per Mail in Verbindung gesetzt. Mr. Brown hatte ihm jedoch mitgeteilt, dass er als <Banker> keine Möglichkeit hätte, diese Zahlung aufzubringen.

Der Asset Manager hat sich dann überlegt, welche Möglichkeiten es gäbe und kam zum Schluss, Mr. Brown vorzuschlagen, einen Teilbetrag von USD 250'000.00 freizugeben, woraus die Tax Clearance bezahlt werden könne.

Mr. Brown fand den Vorschlag gut und teilte mit, dass er <Anwalt> Simms bittet, den Behörden den Vorschlag zu unterbreiten.

Herr Simms hat mitgeteilt, dass er sich dafür verwenden werde. Er bat aber auch, ihm für seine Dienste wieder den Betrag von GBP 1'850.00zu senden. Die Bankkoordinaten hat er gleich mitgesandt. Der Asset Manager dachte, dass er die Zahlung auslöst, nachdem der Bericht der Behörde vorliegt.

3 Tage später schrieb <Anwalt> Simms per Mail, dass es ihm gelungen wäre, die Behörden zu überzeugen. Sie hätte bewilligt, dass USD 250'000.00 freigegeben werden, nachdem dafür die Zahlung von USD 18'750.00 eingegangen wäre.

Das ist ja eine gute Nachricht nach all den Wochen, in denen noch kein Ergebnis erzielt wurde.

Der Asset Manager besprach die Angelegenheit mit seinem Geschäftspartner, der ihm zusagte, sich unter diesen Umständen an der Zahlung zu beteiligen.

Ein Telefonanruf aus Grossbritannien überraschte den Asset Manager. Am Telefon war Mrs. Nazira, die sich aus London meldete. Sie war froh, den Asset Manager nun zumindest per Telefon zu hören und teilte ihm mit, dass sie sich freue, bald in der Schweiz zu sein. Im Übrigen hätte sie gehört, dass USD 250'000.00 bald freigegeben würden, damit man die Tax Clearance bezahlen könne.

Am Abend desselben Tages hatte Mrs. Nazira noch einmal angerufen und mitgeteilt, dass sie diesmal doch USD 2'000.00 an die offene Zahlung leisten könne und diesen Betrag gleich überweisen würde, wenn sie die Bankdaten bekäme.

Selbstverständlich hat der Asset Manager die Bankdaten umgehend per Mail an Mrs. Nazira gesandt. Immerhin ein kleiner Betrag als Zeichen der Verbundenheit mit diesem Geschäft. Reduziert um diesen Betrag wurde die Differenz von USD 16750 gleich überwiesen. Die Überweisung ging wieder an einen Agenten, der nur Mr. Brown und <Anwalt> Simms bekannt ist.

Nun war eigentlich alles erfüllt was von den Behördenkreisen gefordert wurde. Gespannt wartete der Asset Manager auf die Mitteilung der Freigabe der USD 250'000.00.

Jetzt kam per Mail eine Bestätigung der <Bank>, dass die USD 250'000.00 für den Transfer vorbereitet werden können. Der Kontoinhaber wurde angewiesen, den Transfer über e-banking einzugeben. Er tat dies und erhielt am Schluss den Vermerk <Transfer successfully completed>.

Also doch endlich der erste Transfer!

Neugierig schaute am andern Tag der Asset Manager nochmals ins Konto und sah, dass die USD 250'000.00 bereits abgebucht waren. Toll, endlich geht's vorwärts, dachte er.

Nach 4 Tagen, als er den Transfer noch immer nicht auf dem Konto hatte, rief er Mr. Brown an. Der erklärte ihm, er wolle dies gleich abklären und gäbe Bescheid.

Bereits anderntags kam die Mitteilung, dass die Bank of England den Transfer <on hold> gesetzt hätte und ein Dokument verlange, aus dem der Ursprung des Geldes hervorginge. Man müsse also ein <Origin of Funds> vorlegen. Der <Anwalt> Simms könne dies beschaffen, aber die Kosten beliefen sich auf ca. GBP 3'850.00, allerdings für die gesamte Summe von USD 6.35 Millionen. Mr. Simms würde dies abklären und sich melden.

Nun wird der Asset Manager stark verunsichert. Er kontaktiert Mrs. Nazira und schreibt ihr, dass der Transfer von der Bank of England <on hold> gestellt wurde, bis der Nachweis der Gelder erbracht worden sei. Er fragt sie, ob sie dazu Unterlagen hätte. Sie möge sich doch sehr schnell melden.

Fast gleichzeitig sandte <Anwalt> Simms ein Mail, in dem er das Ergebnis mit den Behörden mitteilte. Die Behörde empfiehlt, die Gesamtsumme von 2 <Garantoren> bestätigen zu lassen. Diese <Garantoren> sollen offenbar solche Dienste leisten. Es sind häufig Firmen aus dem Bereich Import/Export, die eine solche Herkunft von Funds bestätigen. <Anwalt> Simms kennt solche <Garantoren> und erkundigt sich bei denen, was sie kosten.

Der Preis lässt nicht lange auf sich warten. Der eine <Garantor> verlangt GBP 15'000, der andere GBP

10'000!! Eine enorme Summe, die niemand bereit ist zu zahlen. Doch nicht genug, die Forderungen werden noch erweitert. Angeblich verlangt die Behörde, dass Mrs. Susan, die das Geld in die Bank gebracht hat, nochmals persönlich erscheint und die Geldüberbringung bei der Metropolitan Police in London bestätigt. Wie soll das organisiert werden?

Der Asset Manager setzt sich mit Mrs. Susan in Verbindung, die ihn wissen liess, dass sie derzeit im Jemen wäre und erst in einem Monat wieder in Kanada wäre. Dieselbe Nachricht hat sie an Mrs. Nazira gesandt. Sie rief den Asset Manager an und teilte ihm mit, dass man jetzt eben warten müsse, bis Susan nach London kommen könne.

Der Asset Manager informierte Mr. Brown und <Anwalt> Simms. Letzterer hat mit den Behörden vereinbart, dass Mrs. Susan erst in 4 Wochen in London sein könne, was akzeptiert wurde.

In der Zwischenzeit war der Asset Manager nicht untätig. Er hatte Mr. Brown gefragt, ob nicht USD 400'000 anstelle der USD 250'000 transferiert werden könnten? Mr. Brown bestätigt nach Rücksprache mit dem <Anwalt>, dass dies möglich wäre. Mr. Brown löscht die Eingabe der USD 250'000.00 und bittet den Asset Manager den neuen Transfer einzugeben, was dieser auch tat.

Die Kontrolle nach einem Tag hat ergeben, dass die USD 400'000.00 bereits abgebucht sind, also bereit sind zum Transfer, wenn die letzten Dokumente beschafft sind.

Nach 3 Wochen meldet sich Mrs. Susan, die Zwischenzeitlich ihre ID Staff Card der UNO gesandt hatte. Sie sagte, dass sie nicht alleine nach London reisen könne, sondern ihren <Familylawyer> mitnehmen würde. Doch die Reise müsste ihr bezahlt werden, insgesamt für die beiden Personen USD 12'189.00. Sobald sie das Geld hätte, würde sie die Flüge Toronto – London buchen und die Angelegenheit in 2 Tagen erledigen. Sie gab in ihrem Mail die Bankkoordinaten ihres <Familylawyers> an.

Die Investorengruppe des Asset Managers biss in den sauren Apfel und zahlte die so wichtige Reise, die auch Mr. Brown und <Anwalt> Simms bestätigten.

Mrs. Susan und ihr <Familylawyer> meldeten sich, als sie in London waren. Mr. Brown und <Anwalt> Simms wurden ebenfalls informiert und vereinbarten das Treffen mit der Metropolitan Police London. Der Asset Manager erkundigte sich, weshalb Mrs. Susan zu dieser Polizeistelle gehen müsste. Er erhielt von <Anwalt> Simms die Antwort, dass es darum gehe, die Übergabe der Barschaft persönlich zu bestätigen, damit nicht Verdacht auf Geldwäscherei bestünde.

Parallel hat Mr. Brown gefragt, wann die GBP 25'000.00 für die <Garantoren> bezahlt würden, denn diese hätten den Termin in 3 Tagen bei der Behörde. Betrag und Zeit übersteigen die Möglichkeiten der

Investoren. Der Asset Manager meldet, dass diese Zahlung in der Höhe nicht geleistet werden könne. Er erwartet einen Vorschlag von <Anwalt> Simms, der mit den <Garantoren> verhandeln solle, ob sie mit 20% Vorausbezahlung einverstanden wären und den Rest aus den USD 400'000.00 bekämen.

<Anwalt> Simms teilte mit, dass die <Garantoren> mindestens 50% verlangen, ansonsten sie den Dienst nicht übernähmen. Der Asset Manager teilte <Anwalt> Simms mit, dass er etwas Zeit bräuchte, da sich bestimmte Investoren derzeit im Ausland befänden.

In einem Mail mit dramatischem Inhalt schildert Mrs. Susan die Begebenheiten bei der Metropolitan Police. Sie beschwerte sich gleichzeitig, dass die Zahlungen der <Garantoren> nicht zeitnah erfolge und sie deshalb länger in London bleiben müsse, wobei sie ihren Reisepass bei der Metropolitan Police hätte deponieren müssen. Sie könne also erst wieder ausreisen, wenn die Zahlung erfolgt wäre.

Diese Situation gewann mit jeder Stunde an Spannung. Der Asset Manager überprüfte nochmals alle Dokumente und Unterlagen, die er bis jetzt erhalten hatte. Auch diese erhaltene Kopie des Reisepasses von <Anwalt> Simms hat er nochmals bei der UK Botschaft prüfen lassen.

Nachdem Mrs. Susan bereits eine Woche in London weilte, liess sie den Asset Manager wissen, dass ihr <Familylawyer> nun nach Kanada zurückkreisen würde, denn er könne in der Sache nichts mehr beitragen. Gleichzeitig teilte sie mit, dass ihr Mann gar nicht erbaut wäre über das Vorgehen und er nach einer Lösung suche für die Zahlung der <Garantoren>. Dieses Mail hat sie auch ihrer Freundin Mrs. Nazira gesandt.

Der Asset Manager wollte für die Investoren einen Bestätigungsbrief der Bank und des <Anwaltes>, aus dem hervorgeht, dass nach Zahlung der <Garantoren> der Transfer von USD 400'000.00 sofort freigegeben werde, damit die Investoren ihre Zahlungen zurückbezahlt erhielten. Sowohl Mr. Brown als auch <Anwalt> Simms bestätigten, dass sie je einen LOC (Letter of Confirmation) ausstellen und in den nächsten Tagen zustellen würden.

Eine weitere überraschende Wende bahnte sich an, als Mrs.Susan meldete, ihr Mann wäre auf dem Weg nach London und hätte das Geld für die <Garantoren> dabei, mindestens USD 20'000.00. Ein Freund der Familie hätte ihm das Geld geliehen, das er aber bei der Rückreise mitnehmen müsste oder der Betrag würde auf das Konto des Freundes überwiesen.

Wenige Tage danach kamen die beiden Bestätigungsbriefe auf entsprechendem Briefpapier mit Briefkopf. Beide Dokumente hinterliessen beim ersten Betrachten einen zwiespältigen Eindruck. Der Briefkopf der Anfild Trust Bank ist recht unkonventionell, eigentlich nicht im Rahmen bekannter Bankbriefköpfe. Auch der Briefkopf des <Anwalts> ist eher popartig und hat einen

Kopierfehler, in dem der Strassenname mit einer zweifachen Endung aufgeführt ist, also Street street! Zum ersten Mal kamen berechtigte Zweifel an der Seriosität auf.

Der Asset Manager prüfte die Adressen der <Bank> und der <Kanzlei>. Beide Adressen sind grundsätzlich existent. Er frug nun auch Mrs. Susan, wie die Strasse heisst, in der sie bei der Bank war. Sie antwortete, sie wüsste die Adresse nicht, sie hätten sich mit dem Taxi an die im Briefkopf aufgeführte Adresse fahren lassen, wo sie mit Mr. David Brown zusammengekommen seien.

Eine weitere Recherche der Sekretärin des Asset Managers hat etwas Eigenartiges an den Tag gebracht: Im Internet ist Mr. Paul Simms tatsächlich als rechtschaffener und professioneller Anwalt mehrfach erwähnt. Allerdings ist seine Adresse nicht identisch mit der des <Anwaltes> Paul Simms. Seine Adresse ist unter <Citylegalinternational>. Die Sekretärin informierte sofort ihren Chef und dieser rief unverzüglich bei Citylegalinternational an. Es meldete sich eine Dame, die erklärte, dass Citylegalinternational eine Bürogemeinschaft wäre, in der zahlreiche Anwälte tätig wären. Sie versuchte, Paul Simms zu erreichen und hatte Erfolg. Herr Simms meldete sich und bekräftigte, dass er den Asset Manager nicht kenne und auch keine Briefe in die Schweiz gesandt hätte. Er bat den Asset Manager, diese entsprechende Korrespondenz ihm zuzustellen. damit er nach Prüfung Stellung beziehen könne. Der Asset Manager hat ihm umgehend die Briefe zugestellt.

Bereits am andern Tag sandte Anwalt Paul Simms ein Mail und berichtet, dass er den Brief nicht verfasst hätte, seine Unterschrift und sein Siegel jedoch von ihm wären. Auch der Pass wäre seiner aber offensichtlich sei irgendwo eine Kopie angefertigt worden, mit dem jetzt Fälscher unterwegs wären. Er bat um Erlaubnis, den Betrug bei der London Police anzuzeigen. Selbstverständlich erhielt er umgehend diese Erlaubnis.

Interessant war sein zweites Mail, in dem er mitteilte, dass es eine Anfild Trust Bank in London gar nicht gäbe. Er empfahl auch von Seiten des Asset Managers bei der London Police Anzeige zu erstatten. Er sandte die Koordinaten dieser Polizeistelle, und der Asset Manager reichte sofort Anzeige wegen Betrugs ein.

Parallel informierte der Asset Manager aber auch den<Anwalt> Paul Simms und Mr. David Brown. Paul Simms behauptet nach wie vor, er wäre rechtmässiger Anwalt, offenbar hätte er einen Doppelgänger. Mr. David Brown behauptet ebenfalls, dass die Anfild Trust Bank eine Off-shore Bank wäre und dass die Funds von USD 6.35 Millionen nach wie vor auf dem Konto wären.

In der gleichen Zeit ist Mrs. Susan mit ihrem Mann von London nach Kanada abgereist. Es stellt sich die Frage, ob es überhaupt eine Mrs. Susan gibt und eine <Familylawyer> und einen Mann, dessen Namen nie

erwähnt wurde, sondern immer nur als <husband>
genannt wurde.

Fazit;

Diese Geschichte zeigt, dass Betrüger Gruppen sich komplette Szenarien ausdenken, in denen verschiedene Personen in verschiedenen Rollen zum Zuge kommen. Solche Betrüger Gruppen arbeiten international und nutzen gestohlene Dokumente und Geschäftsunterlagen, die sie skrupellos für ihre Betrügereien einsetzen. Einmal mehr sei darauf hingewiesen, dass nicht einmal der persönliche Kontakt während eines Treffens Garant dafür ist, dass man mit der richtigen Person in der Tat zusammengetroffen ist.

Unbestritten ist, dass es eine Ministerin in jenem Land gibt, die diesen Namen tragt. Ebenfalls unbestritten ist, dass es eine UN Mitarbeiterin gibt, die zweifellos echt ist wie ihr Ausweis auch. Aber ob die Person, die diesen Ausweis versendet auch die echte Mrs. Susan ist, ist nicht bekannt – in unserem Fall sicher nicht.

Selbst die Tatsache, dass der Mr. David Brown den Asset Manager nach London in die Bank eingeladen hat, sagt nichts über die Echtheit aus. Anfild Trust Bank hatte im Internet ein stattliches Gebäude mit Firmenlogo gezeigt. Aber dank geschockter Fotomontagen kann heute alles verfälscht und damit eben gefälscht werden.

Schade ist einzig, dass dieser Fall einmal mehr im Schlepptau eines humanitären Projektes ausgetragen wurde, wobei das Children Care Center Projekt empfindlich darunter Schaden nimmt und einige Hundert ärmster Kinder in Afrika, Europa und Asien nicht die neue Lebensbasis erhalten, die ihnen ein zukunftsorientiertes Leben gewährleisten würde. Einfach traurig, dass Betrüger nicht eimmal davor mehr zurückschrecken.

Die Polizei ist übrigens auch in diesem Fall völlig überfordert. Es fehlt diesen Dienststellen an Know-how und den Kenntnissen, wie man am schnellsten gegen solche Betrügereien vorgehen kann. Der gute Wille ist sicher da, aber die digitale Beschleunigung hat derart rasante Formen angenommen, dass mehr Systematik und raschere Beihilfe durch ausländische Organisationen notwendig sind.

Wichtiges Nachwort

Diese Betrugsaffäre ist offensichtlich noch nicht zu Ende. Die Betrüger haben sich ein neues Szenario zurechtgelegt. Sie kontaktieren Partner des Asset Managers und melden folgendes:

Ein Partner wurde per Mail kontaktiert, was darauf schliessen lässt, dass der Asset Manager gehackt wurde, denn wie sonst kämen die Betrüger an diese Mailadresse? Nicht genug, Mr. Brown rief ihn an und erzählte, der Asset Manager wäre im Spital. Der Partner bat Mr. Brown, ihm das Spital zu nennen, damit er einen Blumenstrauss senden könne. Tags darauf rief Mr. Brown wieder an und teilte ihm mit, er müsse ihm leider eine traurige Mitteilung machen, der Asset

Manager wäre verstorben. Er hätte aber ihn als <Next of Kin> eingesetzt, deshalb würde er ihm die Formulare zusenden!

Parallel schrieb Mrs. Nazira ein sehr ausführliches Mail an einen anderen Partner. Sie schilderte ihm, was sie bisher alles durchgemacht hätte. Auch was sie mit dieser Anfild Bank erlebt hätte, die ihr das Geld wegnehmen wollte. Zum Glück wäre das Geld jetzt in Kanada. Mrs. Green hätte es aus London geholt. Sie hoffe, dass der Partner jetzt die Sache in Ordnung bringen könne und das Geld in Zürich in Empfang nehmen könne. Mrs. Green käme Mitte Juni nach Zürich. Natürlich müsse man ihr die Reisekosten vergüten. Sonst bliebe alles beim Alten.

Doch sehr dreist, was sich diese kriminelle Gruppe alles leistet und immer noch nicht gefasst wurde. Vielleicht liest das jetzt auch jemand, der bei Scotland Yard Einfluss hat und der die Daten in Kapitel 14 zum Anlass nimmt, diesen Kriminellen auf die Spur zu kommen.

Das neueste Mail von Mrs. Nazira im Original:

Dear Mr. YZ,

I called you severally last week after going through your message using the phone number I saw in your message but I never got you online. I'm happy now that I'm talking to you directly, I pleased to Mr. H. when it was becoming so difficult that I would like to speak with you personally to explain things directly to you so that you will understand the situation, but he couldn't let that happen. I traveled to London severally in my quest to see things with my eyes and make sure that my money is in the right hand when my friend Mr. XY started having doubts about Anfildbank. That was when I flew to London and luckily for me Susan was in London then, she took me to Anfildbank and that was when I discovered that it was just a financial Institution and not a full bank as I was told from the beginning by a co Minister who introduced me to them.

Susan left and I was in London for more almost two weeks waiting to see if my friend Mr. H. will come up with the needed amount for the paper work to be completed and they will move our funds to his account to Switzerland in my presence, but he was so reluctant to do so. I exhausted the little money with me on hotel bills, food and on Uber before I return back to Syria.

After some days that I came back from London, my mind just struck on if it will be possible for us to withdraw back the funds from their Institution, I contacted Anfildbank on that note asking them if it will be possible for us to withdraw our funds that was deposited two years back, they responded and said yes it's possible if the funds has not been paid out and in such case it has to be only the person that deposited the funds that can withdraw it. I contacted Susan Green immediately because she was the one that deposited the funds and told her what

Anfildbank said, she replied and said if they will actually allow her to withdraw the funds from their institution that she wouldn't mind flying down to London for that for us provided we will take care of her flight ticket which was $4,000.

And she will do that without her husband knowing. That if the husband knows about it he will never allow her to embark on the journey. I told my friend Haenggi about that and he promised to send the $4,000 to Susan, but surprisingly, I didn't hear from him again till date. I sent several messages to him but he never replied.

So what I did was to talk to Mr. Mustafa in Turkey, he was a friend to my late husband. He has been assisting me financially from the inception, although I was owing him $48,000 which he has been requesting that I should return back to him as his business was going down. He finally managed to transfer the $4,000 to the account Susan forwarded to me which I sent to Mr. Mustafa.

Susan landed in London with her Diplomatic passport and Identification card after three days she received the

$4,000 and went to Anfild withdrew the funds, although they didn't allow her to take back the total amount because they deducted tax balance and some other charges but the total amount she got was $5.882m It took Anfild three good days to arrange for the cash money and that was what delayed Susan in London because she was supposed to leave the next day to Canada because she was rushing for her husband not to find out where she actually went to. But she finally left London after five day. I instructed her to bring out the $82,000 before using a big suitcase to pack the funds, cover it with some fabrics before locking the suitcase with both number lock and a padlock before flying back to Canada.

So that was what happened. Anfild bank was using my fund to do business and making profit and I heard that they have closed down since we moved our funds. Mr. H. still don't know about this development because he has refused to get back to me.

Although we still have a little issue to sort out but it's just a minor issue but I know it will be resolved when I get to Canada.

Kind regards

Nazira

Was folgern wir aus diesem Mail?

Die Vermutungen können auf verschiedene Art und Weise ausgelegt werden. Es könnte in der Tat sein, dass die beiden Frauen Nazira und Susan von Betrügern in London hereingelegt worden sind. Mrs.Susan hatte in einem Mail mitgeteilt, sie kenne die Adresse nicht, wohin sie der Fahrer der <Anfild Bank> vom Flughafen aus gefahren hatte. Sie wären in einer Tiefgarage ausgestiegen und mit dem Lift in die 1. Etage gefahren. Dort hätte sie ein Mr. Brown in einem Büro empfangen und die Barschaft gegen eine Quittung in Empfang genommen. Gleichzeitig hatte sie die Koordinaten des Asset Managers an Herrn Brown gegeben, damit sich dieser mit dem Asset Manager in Verbindung setzen konnte. Soweit ist nach dem Bericht von der Seite der beiden Frauen alles korrekt abgelaufen. Der Fahrer hatte sie dann wieder zum Flughafen gefahren, da sie einen Anschlussflug nicht verpassen wollte.

Wenn die Geschichte von Mrs. Nazira wahr ist, so hat Mrs. Susan Glück im Unglück gehabt und konnte das Geld in letzter Minute retten. Sie hat es zum Zollamt in Kanada gebracht und will es von dort demnächst nach Europa bringen. Es wird sich in nächster Zeit zeigen, ob die beiden Frauen die Wahrheit sagen. Eines scheint sicher zu sein, mit diesem Mr. Brown haben beide nichts mehr zu tun, denn dieser ist untergetaucht und die Website <Anfild Trust Bank> landete in den 419 scams, einer verlässlichen Seite, auf der Betrüger registriert sind.

Es wäre dieser Fall ein klassischer, bei dem sich kriminelle Gruppierungen in an sich seriöse Geschäfte einbringen, meistens durch Kontaktpersonen, bei denen irgendwelche Ratschläge eingeholt werden. Dies können auch Personen sein, die sich als <Anwälte> bezeichnen, um auf diese Weise einen seriösen Eindruck zu machen.

Unklar ist auch immer, ob die Personen, mit denen man zusammentrifft, auch tatsächlich die Personen sind, für die sie sich ausgeben. Im Fall Paul Simms ist dies besonders dreist, denn dieser hat sich mit einem gestohlenen Reisepass als Paul Simms ausgewiesen. Gut möglich, das diese Person auch anders heisst. Die Cyber Kriminalität ist offenbar grenzenlos und die Personen, die darin verwickelt sind, offensichtlich skrupellos.

Völlig überraschend traf ein Mail von Mrs. Nazira ein, das im Original, also in englischer Sprache wiedergegeben wird.

Mr. YZ

Von:	Nazira
Gesendet:	Mittwoch, 23. Mai 201X 13:25
An:	Mr. YZ
Betreff:	Re-sending my message

Dear Mr. YZ,

It was nice to get you on telephone today and speak with you after calling your for days.

It's quite obvious that you might have spent so much on this project through my friend Mr. XY just like I also borrowed from someone too. I still do not have any intension to sideline my friend and take all the funds alone. I am an honest, humble woman and had previously touched and spent money even when my late husband was alive. I believe that I deserved to be treated nicely.

Mr. XY abandoned me when I needed him most. I called him on the phone uncountable times every day but he never answered me, I sent several emails but he never replied. I tried everything to bring him back but he never looked back again because he was having doubts over the whole thing forgetting how it all started. So I was left alone but Allah helped me though my late husband friend in Turkey.

The problem I have now is how to get to Canada. I am presently talking with an agent in Turkey to assist me in arranging passport and VISA from Turkey so that as soon as I enter Turkey, I can be able to take off. Because I will be abandoning my office here and escape through Turkey which will be unofficial so they will not release my Syrian passport for me here to travel. That's my reason of arranging a new passport from Turkey.

Before I forget, Susan never wanted her husband to know that she went to London and she never took the suitcase to her home. She deposited and registered the luggage with the Customs authority at the airport in Canada, so that whenever I get to Canada both of us can go and pick it up.

Residing in Switzerland is still in my mind because it has being my target from the beginning. I will even be easier for me to get to Switzerland faster than Canada. I will still appreciate if you can honestly work with me directly this time so that I can talk to Susan and see how I can convince her to move the suitcase to Swiss which I see as a more secure country and will be better for me.

Please let me hear from you on this as soon as possible.

Kind reagrds Nazira

Vielleicht findet diese Gschichte doch noch ein glückliches Ende. Es wäre sicher eine Ausnahme. In der Tat könnten die beiden Frauen arglistig getäuscht worden sein.

Kapitel 5

Transfermillionen unter falschen Namen

Dies ist die beinahe unglaubliche Geschichte einer hochprofessionell organisierten Betrüger Gruppe mit Aktionsraum London – Birmingham – Frankfurt a. M.. Die Namen der Personen sind die, unter denen diese Betrüger aufgetreten sind. Es kann nicht ausgeschlossen werden, dass alle involvierten Personen von einer Stelle aus in Szene gesetzt wurden.

Der erste Kontakt erfolgte über ein Mail mit folgendem Inhalt:

Sehr geehrter Treuhänder,

Mein Name ist Barrister Desmond Mc Laughlin. Ich bin Partner in der Anwaltskanzlei Charlene Dixon und betreue als Solicitor vorwiegend Erbschaftsvermögen. In einer solchen Angelegenheit gelange ich an Sie, da mir ihr humanitäres Projekt für Kinder in ärmsten Ländern bekannt ist.

Ein Erblasser hat mich beauftragt, jemand zu finden, der das hinterlassene Vermögen von USD 12.5 Millionen für humanitäre Projekte einsetzen kann.

Sollten Sie Interesse haben, dieses Geld in Ihr Projekt einfliessen zu lassen, bitte ich Sie, mir entsprechende Unterlagen über das Projekt sowie Ihre Personalien und eine Kopie Ihres Reisepasses zukommen zu lassen.

Vertrauensvoll, Desmond McLaughlin

Der Mailempfänger bespricht den Inhalt dieses Mails mit seinen Partnern. Einstimmig ist man der Meinung, man könne ja die Unterlagen senden und schauen, wie das weitergeht. Also hat man an den <Barrister> die Unterlagen gesandt – eine Broschüre über das Projekt, die Personalien sowie eine Kopie des Reisepasses.

Ein paar Tage später hat sich Mr. McLaughlin wieder per Mail gemeldet und den Eingang der Unterlagen bestätigt. Er äusserte sich auch sehr beeindruckt über das Projekt und bestätigte, dass er sich entschlossen habe, die Vermögenswerte für diesen guten Zweck zur Verfügung stellen zu wollen. Allerdings sei der Transfer mit einigen Kosten verbunden, denn es müssten nun die erforderlichen Dokumente beschafft werden. Die Kosten seien aber durchaus im Rahmen üblicher Kosten für Dokumente. Sein Honorar könnte nach erfolgreichem Transfer aus dem Vermögen bezahlt werden. Er fügt diesem Mail einen <Authorisierungsbrief> des Erblassers bei, aus dem hervorgeht, dass er der beauftragte Nachlassverwalter ist, sowie ein Certikate of Origin der englischen Behörde.

Die Treuhänder haben ihm zurückgeschrieben und mitgeteilt, er möge Schritt für Schritt vorgehen und die Kosten jeweils rechtzeitig im Voraus zu melden.

McLaughlin begann mit der Beschaffung eines Affidavits, einem Dokument von einem Gericht, in dem bescheinigt wird, wer der rechtmässige Erbe ist. Für dieses Dokument hat McLaughlin EUR 2'150.00

verlangt. Der Treuhänder hat den Barrister gebeten, seine Personalien und Passkopie ebenfalls zu senden, was dieser getan hat. Er hat sogar eine Kopie der Staff ID Card gesandt.

Die ersten Recherchen haben ergeben, dass die Anwaltskanzlei von einer Frau Dixon gegründet wurde, die nicht Rechtsanwältin ist. In der Kanzlei sind aber 3 Anwälte tätig, 2 Männer und eine Frau. Desmond McLaughlin ist ein Engländer. Die Telefonnummern sind Festnetznummern mit UK Vorwahl und Mobilnummern mit UK Vorwahl.

3 Tage später sandte McLaughlin das <Certificate of Change of Ownership> vom Ministry of Justice. Ein erster Schritt wurde also getan.

Am folgenden Tag sandte McLaughlin ein Mail mit einem Anhang, einem Schreiben der Deutschen Bank aus UK, in dem der Transfer von USD 12.5 Millionen aufgeführt ist, aber auch die Dokumente, welche die Deutsche Bank benötige vor Ausführung des Transfers. Aufgeführt wurden:

- Anti-Drug Clearance Certificate
- Anti-Moneylaundering Clearance Certificate
- Anti-Terrorism Clearance Certificate

Der <Barrister> erwähnte, dass er diese Dokumente selbstverständlich beschaffen könne, ohne dass jemand nach London kommen müsste.

Der Treuhänder hat den <Barrister> angefragt, was denn die Kosten für diese Zertifikate wären. McLaughlin teilte ihm mit, dass er sich erkundigen werde. Seiner Meinung nach wäre es ein Prozentsatz, etwa 0,02% des Vermögenswertes.

Zwei Tage später schrieb McLaughlin in einem Mail, dass die Kosten je Dokument USD 13'500.00 betrügen. Erhältlich seien die Dokumente in 4 Werktagen. Ein stattlicher Preis, der da gefordert wird. Sicherheitshalber ruft der Treuhänder McLaughlin an und fragt noch einmal, ob diese Zertifikate wirklich so viel kosten. Gleichzeitig wollte er auch noch wissen, wohin der Betrag bezahlt werden sollte.

Die Idee des Treuhänders war, Mr. McLaughlin an diesem Transfer zu beteiligen, und zwar über sein Honorar hinaus. Dafür sollte er sich auch an den Kosten beteiligen. Er schlug ihm diese Option vor, und Mr. McLaughlin willigte grundsätzlich ein. Eine entsprechende Vereinbarung wurde unterzeichnet, und Mr. McLaughlin teilte mit, dass er ein Drittel der Kosten für die Zertifikate übernehme.

Nachdem die Zertifikate beschafft worden sind, schrieb Mr. McLaughlin, dass er die Funds wegen des einfacheren Transfers von der Deutschen Bank UK auf die Barclays Bank London transferieren würde. Der Treuhänder hat dies zur Kenntnis genommen und McLaughlin gebeten, von Barclays eine Kontobestätigung zu erhalten.

In der Zwischenzeit hat der <Barrister> eine Quittung der FCA – Financial Conduct Authority gesandt. Wegen der noch zu erwartenden hohen Tax Clearance Kosten sollte zunächst ein kleiner Betrag transferiert werden, woraus man dann die restlichen Kosten gut bezahlen könne. Der Vorschlag schien vernünftig, und so hat Mr. Mc. Laughlin einen ersten Betrag von USD 3,130 Millionen (USD 3.0M + Zinsen USD 0.13M), konvertiert in EUR 2.77 Millionen für den Transfer bereitstellen lassen. Die Barclays Bank hat diese Summe auch schriftlich bestätigt. Die entsprechenden Bestätigungen von Barclays Bank hat Mr. McLaughlin per Mail zugestellt.

Als nächstes Mail sandte Mr. McLaughlin ein Statement zur Situation, in dem er vorschlug, den Transfer über Barclays Bank Deutschland auszulösen, da dies weniger Probleme gäbe. Er kenne dort einen guten Anwalt namens Diaz Reus, den er in Frankfurt besuchen wolle. Niemand hat etwas dagegen, wenn Geschäfte mit weniger Problemen abgewickelt werden können. Also war der Treuhänder damit einverstanden, vorausgesetzt, dass dieser Service nicht allzu viel koste.

Nur einen Tag später erhielt der Treuhänder einen Brief von Anwalt Diaz Reus aus Frankfurt. Er bestätigte darin, dass alles in Ordnung wäre und der Transfer von Barclays Bank Frankfurt in den nächsten Tagen ausgeführt werde. Die Europäische Zentral Bank hätte allerdings noch Transfergebühren in Höhe von EUR 7'750.00 geltend gemacht. Man sollte diese Gebühr doch so rasch als möglich überweisen. Ein entsprechendes Konto hat er beigefügt. Als Anhang kam die Transferkopie von Barclays Bank sowie das Schreiben der EZB und die Formulare einiger deutscher Behörden.

Am Telefon hat Mr. McLaighlin mitgeteilt, er wäre jetzt in Frankfurt, um bei den Behörden die entsprechenden Dokumente ausstellen zu lassen. Er rechne, dass alles in 4 Tagen erledigt sei.

Ein weiteres Mail von Anwalt Diaz Reus überraschte den Treuhänder insofern, dass dieser darin für die Beschaffung der Zertifikate EUR 33'250.00 forderte. Der Treuhänder hat Mr. McLaughlin angerufen und dieser erklärte, dass er Diaz Reus am Abemd treffe und mit ihm das Vorgehen besprechen wolle. Er möge doch mit einer Zahlung noch warten.

Früh am folgenden Morgen kam dann ein Mail von Mr. McLaughlin mit der Information, dass fürs Erste nur EUR 18'750.00 zu zahlen wären, damit die Dokumente der deutschen Behörden erworben werden können. Gleichzeitig sandte er ein Formular einer deutschen Behörde, dass der Treuhänder ausfüllen und ihm zusenden musste. Der Treuhänder tat dies postwendend und zahlte auch die EUR 18'750.00 an die Bank, deren Koordinaten er im Mail erhalten hatte.

Nach 3 Tagen sicher eine legitime Frage, was denn jetzt eigentlich gelaufen sei? Mr. McLaughlin war telefonisch nicht erreichbar! Also schrieb ihm der Treuhänder ein Mail mit der Frage nach dem weiteren Vorgehen.

Er bekam wenige Stunden danach eine Antwort. Alles wäre beim Besten. Die Dokumente würden nach dem Wochenende ausgestellt und umgehend eine Kopie an ihn gesandt. Der Treuhänder war soweit zufrieden und wartete auf die nächste Woche.

Siehe da, am Montagabend kam in der Tat ein Mail von Mr. McLaughlin, in dem er mittelte, die Behörden wollten doch den ganzen Betrag vor Herausgabe der Dokumente. Er hätte jetzt seinen Reisepass deponiert, den er wieder erhalte, wenn die Restsumme bezahlt würde.

Eine etwas eigenartige Geschichte, dachte sich der Treuhänder und beauftragte einen Bekannten mit Wohnsitz in Frankfurt doch einmal zu prüfen, wo sich dieser Anwalt Diaz Reus befindet. Er sandte ihm die Adresse und Telefonnummer. Noch am gleichen Tag hat sich der Bekannte gemeldet und gesagt, an dieser Adresse befände sich ein kleines Büro, das offensichtlich vom Sohn des Diaz Reus betrieben würde, der aber nicht zugegen war. Etwas eigenartig meinte er noch, denn dieses Büro entspreche in keiner Weise dem Bild im Internet und er könne sich nicht vorstellen, dass eine weltumspannend tätige Anwaltskanzlei so ein Büro betriebe.

Diese Aussagen haben dem Treuhänder schon zu denken gegeben. Er meldete dies Mr. McLaughlin und kam von ihm zu hören, dass Diaz Reus eine integre Person, ein guter Rechtsanwalt und schliesslich ein

Freund von ihm sei. Er McLaughlin könne nicht beurteilen, wo der Bekannte gewesen wäre und ob dies auch so sei. Im Übrigen sei alles für ihn in Deutschland so schwierig, da er nicht Deutsch spreche und bei den Behörden die wenigsten Mitarbeitenden Englisch sprächen. Auch über die langen Wartezeiten in den Ämtern beklagte sich Mr. McLaughlin.

Der Treuhänder machte sich vor allem darüber Sorgen, wie er noch den zu zahlenden Betrag aufbringen und zahlen könne. Er rief Mr. McLaighlin an und fragte ihn, ob er nicht einen Teilbetrag selbst übernehmen könne. Der <Anwalt> sagte ihm, es könne möglich sein, er wolle mit seiner Frau darüber sprechen. Er solle ihn doch nochmals am Abend anrufen.

Gegen 19 Uhr rief der Treuhänder nochmals an, und Mr. McLaughlin teilte ihm mit, dass er mit seiner Frau gesprochen hätte und sie einwilligte UR 5'000 .00 zu übernehmen. Grossartig sagte der Treuhänder und dachte sich, dass dies mindestens auch ein Zeichen wäre, dass jemand Interesse hätte, dass das Geschäft zustande komme.

Schliesslich hat Mr. McLaughlin die Unterlagen der deutschen Behörden per Mail gesandt. Erstmals Dokumente, die durch sachkundige Personen verifiziert werden konnten. So gab der Treuhänder die Unterlagen an deutsche Sachverständige, die sich direkt mit den betreffenden Behörden in Verbindung setzten und nach der Echtheit der Dokumente gefragt hatten.

Die Antwort aus dem Justizministerium kam postwendend. Bei deren Dokument handele es sich um eine Fälschung, denn eine deutsche Behörde würde das Originaldokument stets in deutscher Sprache abfassen und nie in Englisch. Wenn es eine Übersetzung bräuchte, so sei dies kostenpflichtig und würde deutlich als Übersetzung gekennzeichnet.

Der Treuhänder reagierte sofort und schrieb dem <Anwalt> McLaughlin, was er mitgeteilt bekommen hatte. Dieser wies diese Hinweise zurück und sagte, er wäre persönlich bei der Behörde gewesen und die hätte ihn gefragt, ob er die Bestätigung direkt in Englisch wolle, was er natürlich bejaht hätte. Wir sollten nicht an seinen Bemühungen zweifeln, schrie er mit enttäuschter Stimme ins Telefon.

Wenige Minute später rief er den Treuhänder nochmals an und entschuldigte sich für seine Wut, der er am Telefon Luft gemacht habe. Aber er betonte nochmals, er wäre doch Partner und könne als solcher niemanden betrügen. Er wolle im Übrigen wieder nach London zurückkehren, sobald er morgen seinen Reisepass wieder abholen könne. Alles Weitere könne er von London aus organisieren.

Der geneigte Leser mag sich fragen, wie die deutschen Dokumente gefälscht werden konnten. Alle Fälschungen sind, wobei die Vordrucke durchaus echt sein können, ziemlich professionell erstellt worden. Es kommt übrigens häufig vor, dass Vordrucke echt sind, also aus den Büros von jemandem mitgenommen werden, gegen gutes Geld an Dritte weitergegeben werden, die dann die Inhalte und Unterschriften fälschen.

Die Mails von Mr. McLaughlin werden immer verworrener. Plötzlich kommt eine Bemerkung, dass Diaz Reus offensichtlich unseriös wäre. Er hätte ihn auch alleine zu den Behörden geschickt, obwohl er doch wusste, dass er nicht Deutsch spreche. Überhaupt wären seine Empfehlungen nicht realistisch gewesen, dies hätten ihm die Leute von Barclays gesagt.

Wie soll das jetzt noch erfolgreich zu Ende geführt werden, war die Frage, die sich der Treuhänder stellte. Er hat Mr. McLaughlin inständig gebeten, jetzt zeitnah dafür zu sorgen, dass der Transfer endlich auf sein Konto komme. Der <Anwalt> möge ihm dies schriftlich bestätigen.

Mr. McLaughlin sandte dem Treuhänder einen <Letter of Confirmation> und schrieb darin, dass er dafür sorge, dass der Transfer umgehend ausgeführt werde, nachdem die Funds wieder auf Barclays Bank London zurück transferiert worden seien. Er bestätigte auch, dass er persönlich in die Bank ginge und nach dem Rechten sähe. Allerdings müssten die Transferkosten nochmals bezahlt werden, da Diaz Reus diese Kosten nicht bezahlt hätte.

Der Treuhänder hatte sich darauf in einem Mail an Diaz Reus gewandt und ihn gebeten, die Gebühren, die er ja erhalten habe, sofort zurück zu zahlen. Eine Antwort blieb aus.

Der nächste Kontakt war vom Treuhänder zu Mr. McLaughlin . Er rief ihn an und forderte die sofortige Überweisung der Transfersumme oder die Rückzahlung aller bisher geleisteten Kosten. Der <Anwalt> bekräftigte, dass er nun alles tun würde, um den Transfer von Barclays Bank London in die Schweiz zu erledigen. Er bräuchte schliesslich auch sein Geld, denn er müsse auch Geldgeber schadlos halten.

Nach Abklärung mit Barclays Bank teilte Mr. McLaughlin mit, dass die Bank nur noch die Transferkosten verlange in Höhe von EUR 3'800.00. Der Treuhänder teilte ihm mit, dass er für diese Kosten selbst aufkommen müsse, da er ja nie verlangt hätte, dass die Funds zur Barclays Bank Frankfurt gehen müssten. Der <Anwalt> sagte ihm, dass er sehen möchte, was er tun kann. Sicher könne er nicht den ganzen Betrag zahlen. Einen Tag später hat der <Anwalt> mitgeteilt, dass er nur EUR 1'000.00 zahlen könne, die Differenz müsse vom Treuhänder bezahlt werden, was dieser in Anbetracht der Situation noch einmal getan hatte. Doch der Transfer kam nicht! Der gesamte Schaden ist beträchtlich und absolut professionell konzipierte Szenarien waren die Grundlage für diesen massiven Vorkassen Betrug.

Die Vermutungen gehen in folgende Richtung:

- Mr. Desmond McLaughlin wurde von einem Afrikaner übernommen. Einem Afrikaner wegen des englischen Dialekts und der

Intonation einzelner Wörter, die nur Afrikaner so aussprechen.

- Die Dokumente des echten Desmond McLaughlin wurden gestohlen. Die echte Person konnte nicht gefunden werden, möglich ist, dass diese Person nicht mehr lebt.
- Die Anwaltskanzlei <Charlene Dixon> ist eine Fälschung mit normalem Internetauftritt. Der Weblink ist zum Teil aktiv, zum Teil wieder deaktiviert.
- Der <Anwalt> war nie in Frankfurt und lebt wahrscheinlich auch nicht in London. Vielleicht benützt er ein Internetcafé in Lagos und operiert von dort aus.
- Die Konten, auf die Zahlungen geleistet wurden, sind echt. Die meisten wurden aber nach Eingang der Zahlungen wieder gelöscht, um Spuren zu verwischen.
- Alle Dokumente wurden professionell gefälscht, wobei aber die deutschen Formulare echt sind, die Eintragungen jedoch gefälscht wurden.

Die ganze Betrugssituation führte zwar dazu, dass Strafanzeige erhoben wurde. Aber seit über einem Jahr ist in der Angelegenheit nichts weiter geschehen. Offenbar kann die Polizei die Personen auch nicht ermitteln, weil ihre Namen möglicherweise nicht echt sind.

Die Quintessenz aus diesem Fall: Betrüger sind offensichtlich gut organisiert, bestens vernetzt und haben deshalb keine Skrupel, ihr Unwesen über das

Internet oder über die Direktansprache per Telefon zu treiben.

Kapitel 6
Selbst ein Kinderprojekt weckt Gauner

Die weltweite Notlage von Millionen von Kindern dürfte allgemein bekannt sein. Wenn jemand ein Zeichen setzt, um Kindern dieser Welt eine Lebenschance zu gewähren, so ist dies ein humanitärer Akt, der zumindest viel Respekt verdient. Das Projekt, über das wir hier berichten, ist das <Children Care Center> Projekt, das vor allem für Waisen- und Strassenkinder in armen Ländern und in Krisengebieten konzipiert wurde. Das Team, das hinter diesem Projekt steht, hat langjährige Erfahrung in der Kompetenzentwicklung von Kleinkindern und Kindern im KITA Alter sowie heilpädagogische Erfahrung in Schulklassen mit traumatisierten Kindern aus allen Ländern dieser Welt. Das Team arbeitet am CCC Projekt unentgeltlich und sucht über Fundraising Aktivitäten nach Geldgebern für einen ersten Kids- und Children Campus

Am meisten mag bei dieser wahren Geschichte überraschen, dass hier keine Afrikaner oder Asiaten die Agitatoren sind, sondern Deutsche und Schweizer. Noch mehr dürfte erstaunen, dass dahinter eine Stiftung steht, die sich FAF – First Aid Foundation nennt und an prominenter Adresse in Berlin residiert. Die einschlägigen Internetrecherchen zeigen eine Organisation, die weltweit Projekte finanziert und betreut, teilweise unter UN Koordination.

Wie es zu diesem ungeheuerlichen Betrugsfall kam sei nun dargelegt.

Eines Tages hat einer der Investoren, die am CCC Projekt interessiert sind, angerufen und mitgeteilt, dass er Kontakt zu einer Stiftung erhalten hätte, die humanitäre Projekte über die UN finanzieren würde. Die Bewerbung und die Auflagen wären aber sehr streng. Da das CCC Projekt bereits in der Phase war, wo ein klares Konzept, ein Businessplan in Details, ausführliche Offerten für die Modulhäuser und die personelle Zusammensetzung eines Campus vorliegen, wurde der Investor gebeten, den Kontakt mit FAF zu vertiefen.

Nachdem ein Exposé an die FAF gesandt worden war, hat sich der Präsident der Stiftung persönlich gemeldet und bestätigt, dass das CCC Projekt sehr gute Chancen hätte, durch die UN finanziert zu werden. Da die FAF die Aufbereitung der notwendigen Daten an einen externen Berater übergeben habe, werde sich dieser mit uns in Verbindung setzen.

Wenige Tage darauf kann auch das erste Mail von diesem Berater, der auch gleich den Formularsatz mit sandte, der als erstes ausgefüllt und eingereicht werden müsse.

Nach einem ordentlichen Stück Arbeit, wurden die ersten Seiten an den Berater eingereicht. Er prüfte den Inhalt und gab zu einigen Positionen Änderungsvorschläge. Gleichzeitig sandte er den zweiten Satz von Formularen, der vor allem einen ausführlichen Businessplan mit einschloss. Die grosse Arbeit wurde im Teamwork erledigt. Es war eine aufwendige Arbeit, denn das Budget musste in allen

Details erstellt werden. Konnte es aber auch, denn die Vorbereitungen für das CCC Projekt waren bereits weit vorgerückt.

Auch der zweite Teil, das Budget und der Businessplan, nahmen die strenge Hürde beim verantwortlichen Ingenieur.

Schliesslich folgte die Zusage der Finanzierung unter einer UN Projektnummer.

Es herrschte allgemein Freude bei allen Personen des CCC Teams. Auf Grund dieser Zusage mussten nun etliche Dokumente ausgestellt werden, die hier integriert sind.

Zur Sicherheit wurde die FAF nochmals überprüft, vor Ort und im Internet. Beide Recherchen verliefen positiv. Die FAF zeigte auf einer Weltkarte im Internet sogar, welche Projekte sie aktuell finanziert. Wir haben vernommen, dass wir mit ca. 60 anderen Projekten in der nächsten Runde ab Dezember 2015 finanzielle Mittel erhielten.

Zwei Wochen später meldete sich per Mail ein Herr Ramsauer, der sich als der <Umsetzer>der zu finanzierenden Projekte im Auftrag von Herrn Mike Grohmann zu erkennen gab. Er sandte noch ein Schreiben einer Firma UP DATE AG aus der Schweiz mit, das von einem Herrn Bärenbold unterzeichnet war. Darin wurde erwähnt, dass die eingegebenen Projekte, die eine Finanzierung zugesprochen erhielten, die Ausführungsphasen mit dieser Firma koordinieren müsse. Es wurde gebeten, einen Termin in Zürich zu vereinbaren.

Dies hat das CCC Team umgehend getan. Man traf sich im Hotel St. Gotthard an der Bahnhofstrasse in Zürich. Die Herren sind pünktlich erschienen und erklärten, dass man ihnen nun mitteilen müsse, wie man bei der Projektrealisierung vorgehen würde. Die Finanzierung erfolge natürlich in einzelnen Tranchen, genau nach Bedarf der Projektausführung. Beiläufig fragte Herr Ramsauer noch, ob die Versicherungsgebühr bezahlt worden wäre, was bejaht werden konnte.

Nach dem ausführlichen Gespräch einigte man sich auf den Vorschlag dieser Herren, dass zu Beginn 3 CCC Projekte zu je USD 9.0 Millionen finanziert werden sollen. Die Überweisung erfolge entweder noch im Dezember oder aber sicher im Januar des nächsten Jahres.

Herr Ramsauer vermittelte durch seinen Auftritt den Eindruck eines smarten Projektkoordinators, der weiss wovon er spricht. Die Mitglieder des CCC Teams waren mehr als zufrieden über den Verlauf des Gespräches und die Zusage der ersten Finanzierungstranche.

Im Dezember war keine Zahlung eingegangen. Ein CCC Teammitglied hat Herrn Ramsauer angerufen, der sich entschuldigte, dass die Zahlung noch nicht erfolgt wäre. Er wäre etwas überlastet, hätte er doch 60 Projekte zu starten. Die Zahlung erfolge aber im Januar.

Gegen Mitte Januar kamen eigenartige Telefonate zu einzelnen CCC Teammitgliedern. Meistens von Projekteingebern, die sich darüber beschwerten, dass sie noch keine Zahlung erhalten hätten und bei der FAF in Berlin offenbar niemand zuständig wäre, da der Präsident Herr Grohmann in Asien weile und sich um die grossen Finanzen kümmerte.

In einem weiteren Telefonanruf meldete die Sekretärin aus Berlin, dass die Zahlungen etwas in Verzug kämen, da die Funds erst in den nächsten 2 Monaten zur Verfügung stünden. Mehr könne sie dazu nicht sagen, aber sicher würde sich Herr Grohmann nach seiner Rückkehr melden.

Das CCC Team war froh, noch keine Aufträge an die Hersteller der Housing units erteilt zu haben, denn das wäre zum Desaster geworden.

Nach 3 Wochen war Herr Grohmann aus Asien zurück und meldete, dass die Verhandlungen in Asien sehr erfolgreich waren und die Funds in wenigen Wochen zur Verfügung stehen würden.

Einige der Projekteingeber wollten jedoch nicht mehr länger warten, denn sie hatten bereits Aufträge am Laufen und mussten entsprechende Zahlungen leisten. Sie haben deshalb einen Anwalt mit einer

Klage beauftragt. Das CCC Team aus der Schweiz konnte sich daran nicht beteiligen.

Das Bestätigungsschreiben im Originaltext:

Berlin, 20. 07. 2015

Betr.: UN Projekt 2015/8003-045

Sehr geehrter Herr XY

hiermit bestätigen wir Ihnen, dass wir Ihr Projekt „Children Care Center Africa and Nepal" mit dem Gesamtvolumen von US$ 223,492.500 persönlich bei der UNO eingereicht haben. Es wurde unter der Nummer 2015/8003-045 registriert.

Wir freuen uns ebenfalls bestätigen zu können, dass Ihr Projekt genehmigt und die Finanzierung über US$ 223.49 Mio. positiv beschieden wurde. Die Auszahlung der Summe ist garantiert.

Das Projekt wird in den USA gegen Ausfall versichert. Nach erfolgter Versicherungspolice wird die Auszahlung nach ca. 21 Banktagen an unsere Holdinggesellschaft in Zürich und von dort an Sie erfolgen. Dies wird vermutlich

Ende August 2015 sein. Die Abwicklung erfolgt in Zusammenarbeit mit der Infinity International Sales Corp. für Projekte in Übersee.

Die erforderlichen Auslagen für Registrierung und Versicherung sind von Ihnen, gemäß unserem Procedere und beiliegender Rechnung, zu leisten.

Mit besten Grüßen
FIRST AID FOUNDATION

Mike Grohmann

Mit dem gleichen Schreiben war noch eine Rechnung ausgestellt worden für eine Versicherung, nach deren Bezahlung der Projektbetrag ausbezahlt würde.

Mit einem Mal war von allen FAF Personen niemand mehr erreichbar. Der Betrug war nun offenkundig, und die Frage stellt sich einmal mehr, weshalb kann eine solche Stiftung in Deutschland immer noch ihr Unwesen treiben?

Kapitel 7
Missbrauch afrikanischer und europäischer Banken

Banken sind seit der Zeit ihrer Entstehung unter den Medicis Institutionen, die eine grosse Angriffsfläche bilden, denn wer mit Geld handelt, setzt sich ungemein vielen Gefahren aus. Wo eine Bank domiziliert ist, ist eigentlich zweitrangig. Natürlich gibt es Länder, in denen Banken besonders gefährdet sind – allen voran die Länder, in denen die Korruption nach wie vor ihre Blüten treibt. Aber auch in Ländern, in denen Diktatur anstelle von Demokratie herrscht. Letztlich aber auch in all den Ländern, in denen die Armut grassiert und Millionen von Menschen von der Hand in den Mund leben.

Wer missbraucht eigentlich Banken, die in den erwähnten Gefahrengebieten ihre Niederlassungen haben? Es sind eine Minderheit von Angestellten jener Banken, ehemalige Mitarbeitende, aber auch kriminelle Gruppierungen mit meistens sehr guten Verbindungen zu Mitarbeitenden in den Banken.

Die Autoren haben sich entschieden, einige besonders typische Beispiele darzustellen. Bei den Originalbelegen wurden lediglich die Namen der Opfer geändert oder geschwärzt.

Die meisten Betrügereien werden mit Geldern, die auf sog. schlafenden Konten <dormant accounts> liegen, begangen. Ein Bankangestellter will ein solches

Konto entdeckt haben, auf dem seit über 10 Jahren keine Bewegungen mehr zu verzeichnen sind. Die Gründe mögen verschiedenartig sein: der Kontoinhaber kann verstorben sein, der Kontoinhaber hat das Land verlassen, der Kontoinhaber ist verschollen.

Die zweite Betrugsmasche erfolgt über das Angebot von Kreditkarten, sog. ATM Karten, mit denen es möglich sein soll, Geld an jedem ATM Kartenautomaten zu beziehen. Im Hintergrund steht ein Konto, über das die Bezüge möglich sein sollen.

In der ersten Gruppe melden sich in der Regel entweder Bankangestellte oder sog. <Rechtsanwälte>, die für eine Bank tätig sein sollen. Banken werden deshalb so oft missbraucht, weil ihre Glaubwürdigkeit noch immer sehr hoch im Kurs steht. Die Absender der Mails oder von Telefonkontakten bieten sehr konkret an, was sie im Köcher haben.

Die Beispiele zeigen, wie unglaublich dreist ihr Vorgehen ist.

Beginnen wir mit einem Kontakt, der über Mail an einen Unternehmensberater gelangte. Immerhin geht es bei diesem Transfer um die stolze Summe von EUR 30 Millionen, was auf der beigefügten Kontobestätigung ersichtlich ist.

Das Mail wird in der Originalfassung wiedergegeben. Beachtenswert sind schon die verschiedenen Schriftarten und -grössen, die wohl kaum je von einer Bank in dieser Form verwendet werden.

Von:	remitta nce_depa rtment@i nfocaixa.i nfo	12.04.2017 17:07
An:	Mailadresse bekannt	

CAIXA PENEDES BANCO ESPAÑA DOMICILIO POLIGONO INDUSTRIAL, CALLE CABALLERO 71B,28014 MADRID ,SPAIN. (FOREIGN SERVICE MANAGER) MR. ALFRED LOPEZ. TELEPHONE: 0034 911 237 697 TELEPHONE: 0034 603 120 649 FAX : 0034 917 903 725

EMAIL: REMITTANCE_DEPARTMENT@INFOCAIXA.INFO

ATTENTION: MR. XY (Name bekannt,

A letter from the **Caixa Penedes Banco España Madrid Spain**. We write to provide you our bank procedure to receive your without any more delay.

THE PROCEDURE

INFORMATION BELOW.

(A). YOU ARE FULL NAME, AGE, OCCUPATION, ADDRESS, TELEPHONE AND FAX NUMBERS.

(B). YOU ARE FULL BANK ACCOUNT DETAILS THAT WILL ACCOMMODATE THE TOTAL FUND.

(C). YOU ARE TO STATE THE AMOUNT INVOLVE IN THE TRANSACTION FOR CONFIRMATION.

You are required to fill the Payment Processing form immediately and return back to our Bank by Fax or Email attachment.

Then remember that the said fund is covered with a Higher Insured policy, which state´s that nobody should add to the fund or make a deduction from the money, until the said fund is completely transfer into your bank account for security reason.

THANKS

MR. ALFRED LOPEZ.

DIRECTOR.   INTERNATIONAL   REMITTANCE DEPARTMENT OF BANCO ESPAÑA MADRID SPAIN.

```
protect its computing environment from malicious
code(s),Lacaixa Banco EspaÄ±a is not responsible for
any virus or other type of suspect code that may be
transferred via this e-mail.
```

Zu diesem Mail war ein Bankformular mitgesandt
worden, das ausgefüllt umgehend zurück gesandt
werden sollte.

Als nächstes Beispiel wird der Missbrauch der UBA
– United Bank of Africa angeführt. Ein sog. Vertreter
der Bank sandte per Mail alle die Dokumente, die
belegen sollen, dass für den Kontoinhaber über USD
10 Millionen zum Transfer bereitstehen. Woher die
Gelder sein sollen, ist unklar. jedenfalls sind alle
Dokumente professionell gefälscht. Den Beweis dafür
wurde nur durch eine vor Ort Abklärung möglich. Gut,
dass hier niemand eine Zahlung geleistet hatte.

Ein drittes Beispiel

mit einer besonderen Vertrauensmasche

Da meldet sich ein weltgewandter Unternehmer mit
Wohnsitz in Paris, aber afrikanischer Herkunft bei
einer Asset Management Firma an guter Adresse in
Zürich. Sein Anliegen war, mit einem ansehnlichen
Vermögensbetrag in ein <Private Placement Program>
zu gehen und dabei die Seriosität dieser Firma zu
nutzen. Er sagte dem Geschäftsführer am Telefon, dass
er über verschiedene Kontakte bereits versucht habe,

in ein PPP zu gehen. Aber leider hätten ihm die Personen, mit denen er zusammen gekommen wäre keinen guten Eindruck gemacht. Er bat deshalb um einen Termin in Zürich.

Der Geschäftsführer hatte den Herrn gefragt, um welchen Betrag es denn ginge. Er müsse dies wissen, weil es verschiedene Trading Lines gäbe, die mit verschiedenen Summen operierten. Er wolle am Telefon keine genauen Angaben machen, aber es handle sich um die respektable Summe von ca. 1 Milliarde USD.

Der Geschäftsführer koordinierte mit dem Herrn aus Paris einen Termin, zu dem er auch den PPP Spezialisten eingeladen hat. Er hatte den Herrn auch gebeten, mit den Originalunterlagen zu kommen, die auch belegen, dass er der Eigentümer der Funds wäre. Selbstverständlich sagte der Herr und drückte seine Zufriedenheit über das Gespräch aus.

Am vereinbarten Termin erschien der Herr aus Paris pünktlich um 11 Uhr in den Büros der Asset Management Firma. Ein gepflegter Herr mit teurem Ledercase und feiner Armbanduhr. Er hat sich kurz vorgestellt, seinen Reisepass gezeigt und dann erzählt, was er als Geschäftsmann und Investor bislang getan hat und was er in Zukunft zu tun gedenke.

Nach seiner Vorstellung hat der Geschäftsführer der Asset Management Firma die Aktivitäten der Firma vorgestellt und dem Besucher eine Broschüre übergeben.

Dann erläuterte der Experte für <Private Placement Programs> die Arbeitsweise in diesem Bereich der privilegierten Anlageform. Er zeigte auch auf, wie Tradinglines arbeiten und was diese an Unterlagen einfordern, die über die entsprechenden Compliance Abteilungen geprüft werden.

Der Besucher war sehr beeindruckt und meinte, er wäre jetzt offenbar an der richtigen Adresse.

Nun ging es um das Geschäft, das der Besucher mit der Asset Management Firma angehen möchte. Er sagte, dass er in ein PPP wolle und dafür 1 Milliarde USD einsetzen könne. Die Funds wären bei HSBC London und könnten dort für die Dauer des PPP ohne Probleme blockiert werden. Er zog einen Kontoauszug aus seinem Ledercase und gab ihn dem Geschäftsführer zur Ansicht. Der Geschäftsführer teilte ihm mit, dass er zu den Unterlagen keinen Kommentar abgeben könne, da nur die Compliance Abteilung der Tradingline die Prüfungen vornehme und der Besucher deshalb einen Verifizierungsbrief unterzeichnen müsse, in dem die Tradingline autorisiert wird, die Unterlagen direkt bei der Bank verifizieren zu lassen.

Der Besucher erwiderte, dies wäre überhaupt kein Problem. Er bat einen solchen Brief mit seinen Koordinaten zu erstellen, den er gleich unterzeichnen wolle, damit nicht zu viel Zeit verloren ginge. Der Geschäftsführer hat die Sekretärin gebeten, das Schreiben vorzubereiten. In wenigen Minuten hat sie es gebracht, und der Besucher hat es unterzeichnet. Es wurde ein neues Treffen in einer Woche vereinbart. Genug Zeit also um die Unterlagen (Persönliche Daten, Reisepasskopie, Kontoauszug und Bankbestätigung) zu prüfen.

Die Unterlagen wurden eingescannt und an dem Programm Manager gesandt. Bereits 2 Tage später kam die Antwort, dass es sich beim Kontoauszug um eine professionell erstellte Fälschung handle. Auch bei den persönlichen Daten wären einige Unstimmigkeiten, vor allem bei einer zweiten Adresse in Berlin. Der Geschäftsführer hat bewusst den <Geschäftsmann> nicht informiert, sondern entschieden, dass man ihm beim zweiten Treffen mit dem vernichtenden Ergebnis konfrontiere.

Der <Geschäftsmann> erschien wieder pünktlich, und der Geschäftsführer konfrontierte ihn sogleich mit dem Ergebnis. Er war sichtlich erstaunt und stritt ab, dass es sich um Fälschungen handle. Er habe ein gutes Gewissen und wolle wissen, wer zu einem solchen Ergebnis gekommen wäre. Vor allem wolle er jetzt den Banker bei der HSBC anrufen und ihn fragen, ob sich jemand bei ihm gemeldet hätte. Er griff zum Handy und liess sich mit der HSBC verbinden, verlangte den Banker und sprach mit diesem im Flur der Büroräumlichkeiten. Nach dem Gespräch kam er wieder in den Besprechungsraum und teilte mit, dass der Banker einen <Letter of Confirmation> direkt an die Asset Management Firma sende. Zwar sichtlich empört über das Ergebnis äusserte er seine Zweifel an der Seriosität dieser Tradingline. Er müsse sich in diesem Fall das Ganze nochmals überlegen. Man solle ihn anrufen, wenn das Schreiben der HSBC vorliege. Er liess ein Taxi bestellen und verabschiedete sich höflich.

Ein Schreiben von HSBC ist nie gekommen. Die Telefonnummer des <Geschäftsmannes> war nicht mehr gültig! Seine Mailadresse ebenfalls nicht mehr! Offensichtlich ein Gentleman Betrüger der gehobenen Art.

Ein paar Monate später wandte sich die Kriminalpolizei von Berlin an den Geschäftsführer und bat um Unterlagen von diesem<Geschäftsmann> so vorhanden. Die Asset Management Firma konnte die nachstehend abgedruckten Unterlagen senden. Offenbar hatte dieser <Geschäftsmann> mehrere Personen in Deutschland betrogen, die dann gegen ihn Strafanzeige eingereicht hatten. Gut so.

Im Fall der Asset Management Firma hat er ein Cease & Desist gesandt, in der Meinung, er wäre damit die Handlungen wegen Betrugs los. Hier der C & D in Originalkopie

ELWALEED ALI ADAM ABDELRAHMAN

LEIPZIGER STR 49-10117 BERLIN-GERMANU.

GLOBAL CEASE AND DESIST LETTER

Referring to Transaction codes as: PROFIN-2013.03.25

From the start of the day Sep 2st 2013, the following people and organizations are to be Cease and Desisted from all positions and agreements with Mr. Elwaleed Ali Adam Abdelrahman, passport no: B0639455.

To: Mr. XY , Mr. YZ , Mr. VVC

Re: CEASE AND DESIST

Please be advised that our assets, namely our funds at HSBC Bank International London for Two Billion Euros are no longer available to you. Any and all pending requests are now canceled, and we hereby order you to immediately cease and desist from any and all activities involving my self, my companies and my above described assets.

Any and all documents, paperwork, letters, agreements, faxes and or any other data from this office are now canceled, and are to be considered privileged information and are to be destroyed and/or properly discarded and erased from your computer hard disc, including any external memory disc, on receipt of this notification.

In accordance with this cease and desist order, we hereby notify you to cause a cease and desist to be immediately issued, with a copy to us, to any and all parties participating in any and all activities related to the above referenced cancellation. Please be advised that if anyone attempts to utilize or release any of the confidential information contained within the documents and materials from our Company, we will formally file and bring suit in a court of competent jurisdiction and charge all those involved with securities fraud under the United States Federal Securities Act(s) of 1933 and 1934, now including Racketeer Influenced and Corrupt Organizations act Please be advised that if anyone attempts to utilize or release any of the confidential information contained within the documents and ma-terials from our Company, we will formally file and bring suit in a court of competent jurisdiction and charge all those involved with securities fraud under the United States Federal Securities Act(s) of 1933 and 1934, now including Racketeer Influenced and Corrupt Organizations act of 1970 (RICO) or similar

Die 2. Seite folgt als Grafik wegen der Unterschrift, die als Original wiedergegeben werden soll.

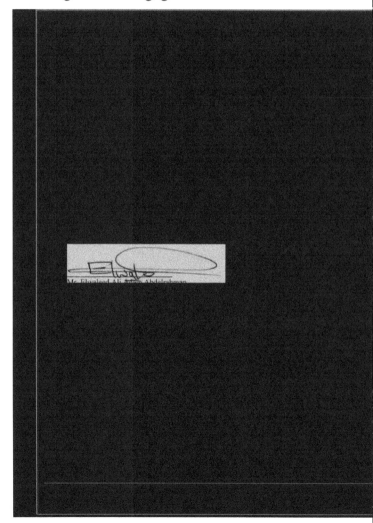

Kapitel 8
Ein Captain will Kasse machen

Da meldet sich ein Colonel per Mail namens Gary M. und teilt mit, dass er einen Vermögensverwalter suche, der eine ansehnliche Barschaft aus dem mittleren Osten in die Schweiz transferieren und die Funds ordentlich verwalten solle. Er schreibt weiter, dass er im Einsatz der Truppen sei, die von den Amerikanern unterstützt werden.

Nun, sein Anliegen ist etwas speziell. Mit 4 weiteren Kommandanten möchte er Funds, die in einer Bank im mittleren Osten deponiert sind, nach Europa bringen, vorzugsweise in die Schweiz oder nach Deutschland, einfach in ein stabiles europäisches Land. Deshalb seine Anfrage. Die Adresse hätte er von einem Rechtsanwalt in Dubai erhalten, der eine vorzügliche Empfehlung abgegeben hätte. Er wäre dankbar, wenn er für dieses Geschäft eine Zusage bekäme, damit er die Bank informieren können.

Was kann schon passieren, wenn Gelder von einer Bank zu einer anderen transferiert werden? Keine Frage, man sollte sich darum annehmen und sehen, was diese Bank bringt. Also erhielt Colonel Gary eine Zusage per Mail. Er meldete unverzüglich, dass er die persönlichen Daten an die Bank weitergeleitet hätte, und der Banker sich gewiss in Kürze melden würde. Der guten Ordnung halber sandte Captain Gary noch ein <Memorandum of Understanding> mit der Bitte, dies sorgfältig durchzulesen, wenn bei Einverständnis dieses unterzeichnet zurückzusenden.

Der Wortlaut in Original und deshalb in Englisch:

ATTENTION: Captain Gary XY

Please find the MOU below to be issued by the lawyer. I just integrated my name and address as well as <like the use of financial instruments>.

Best regards

YZ

MEMORANDUM OF UNDERSTANDING / NON DISCLOSURE CONFIDENTIALITY PARTNERSHIP AGREEMENT

This Agreement is between

Capt. Gar XY, a serving military personnel; representing other four personnel's with designation as Forest Training Platoon Leader with registered address serving address at Camp Rhino, 75th Ranger Regiment (3rd Ranger Battalion) located in the Registrar Desert, 100 nautical miles (190 km) southwest of Kandahar hereby referred to as **PARTY A**

and

Mr. YZ with registered address at Vorderbergrain 27, CH-4104 Oberwil hereby referred to as **PARTY B**

PARTY A and PARTY B are both partners in business transaction of the ***Net*** Value ***of*** $50,000,000.00(Fifty Million US dollars)

The modalities involved in this business transaction require the active participation of both PARTY A and PARTY B only. PARTY A and PARTY B do hereby agree by affixing signatures to
this MEMORANDUM OF UNDERSTANDING that:

1) They will maintain a non-disclosure of their business details, therefore under no circumstance should PARTY A or PARTY B reveal or disclose the details/ modalities of the funds transfer to any third party.

2) The proceeds of this business transaction shall be deposited into an account to be nominated by PARTY B and PARTY B has agreed to guarantee the safety of these proceeds in his nominated account.

3a) PARTY B shall be entitled to 25% ($50,000,000.00) (25% of the Net Value ($50,000,000.00 x .25% = $11,875,000)) of the totalNet Value of Funds transferred and does not require any oral or written approval from PARTY A to have this payment representing full payment of his services.

b) PARTY A shall be entitled to 75% (US$38,125,000) (75% of the Net Value ($50,000,000.00 x .75% = US$38,125,000) of the totalNet Value funds transferred to PARTY B's account.

c) PARTY B after receipt of the funds into his account, as a business developer will re-invest PARTY A's share of 75% calculated to beUS$38,125,000 only into real estate business and other related businesses **like the use of financial instruments** with a return on investment (ROI) agreed upon by both parties to be shared on a ratio of 1:2 equaling 50% each (Both Parties) This specifics of the sharing of the proceeds have been
previously agreed to by both PARTY A and PARTY B.

4) 5% (US$2,375,000) (5% of the Total Value ($50,000,000 x .05 = $2,500,000) shall be used to cover

all expenses incurred in the process of making this transaction a success.

5) In no case shall PARTY B request of PARTY A any proportion that is greater than that previously agreed to by both PARTY B and PARTY A.

6) PARTY A and PARTY B have agreed to exercise due diligence absolute confidentiality in the execution of this agreement.

The said business transaction is free from any encumbrances such as Drugs, Terrorism activities and dated this day 9th day of June, 2016.

Gary XY
(PARTY A)
Mr. YZ
(PARTY B)

Ein Memorandum, das inhaltlich für beide Parteien in Ordnung ist, wenn es dann so umgesetzt wird.

Captain Gary schrieb in einem Mail auch über seine Sorgen an der Front und über die unwirtlichen Verhältnisse im ganzen Land. Er hat darauf auch eine Antwort erhalten und er bestätigt gleichzeitig in einem Mail, dass der Anwalt gute Fortschritte gemacht hätte. Das Mail in Original sei hier veröffentlicht:

Dear G.,

I agree with you totally on this matter. These countries are fighting to keep refuges in their countries in a safe guarded camps rather than rebuilding the reason why they are seeking asylum from their own countries. Refugees and illegal immigrants are the much cases for these terrorist acts, insurgent raiding and unidentified citizens springing up from wherever to fight. Thats strange and unheard off. I hope they will see through this and make amends. Jo Cox murder touched so many people especially most of us that admire her youthful courage. Anyway Allah creates and HE takes as well. We cant question HIM but there are measures the GCC countries (Middle East adapted and the refugees and illegal immigrants can never be an issue. There is always a citizen sponsoring every immigrant so that citizen answers the questions when anything goes wrong and our residence permit is checked on every corner from your bank to your work place and movement in and out of the city. A total check. thats by the way.

The lawyer has finalised and we are good to start. This plan is a security investment plan/ It is called index linked investment. Wallmart just came into the Middle East as dragon mart. It has windows opened for investment opportunities from 28days to 10 years but the bank contact to the lawyer advised we choose the two years where his capacity can cover. The interest on this investment can be released monthly or annually.
The funds in a bid to make it legitimate with the help of the lawyers contact in the Bank of Baroda Dubai, it had to be put into the bank system as a broker representing some set of investors investing in WALLMART for two years. The investment was backdated. It was done on the a short-term trading strategy and the lawyer stands as the broker where the investors want to remain anonymous for security reasons. The Bank of Baroda is now waiting for your application as the nominated contingent beneficiary of the funds ready for liquidation. This is how it was planned to make sure that no one suspects and asks for proof of funds. Please do understand that we are doing our best to protect our images and your personality as well.

Therefore tender the application signed to the following email and notify me immediately;

Bank of Baroda
Free Trade Zone, Sharjah
United Arab Emirates
Attn: Mr. Sanjay K. Tiwari
Senior Operation Manager
International Credit and Account

Bank email: eservices@bobaroda-uae.com
Tel: +971-56-2601745 Ext 0905

Once you tender this email application, dont fail to notify my immediately so I inform the lawyer to follow up through the bank resource contact. This is the most crucial stage of this transaction and there should not be any form of mistake. From what he said this should be concluded within the next ten to fourteen working days.

In God we trust.
Gary

Der Banker meldete sich von der Baroda Bank zwei Tage später und sandte ein Anmeldeformular für eine Kontoeröffnung. Natürlich wurde dieses Formular sogleich ausgefüllt und an die Bank gesandt.

Captain Gary war offenbar von der Arbeit sehr begeistert und schrieb das folgende Mail:

21.6.2016

Perfect

Von: "Captain Gary 20.06.2016 22:58

An: YZ

Dear G. ,

I was about sleeping off and decided to check the email before morning. I am glad hearing the application has been tendered. I have immediately informed my comrades and also the lawyer handling the processing with the bank. It is only him that can find out if the application was received by the bank and notify us and follow up as well. This is the first stage of the procedure and somehow the most important. We have made the mark of processing every step and putting claim over the funds liquidation and proceeds release appointing you as the sole contingent beneficiary.

I have informed the lawyer to send the documents he used to nominate you which he will forward to me later tomorrow and I will forward copies to you as well. There isn't much documents since the investment plan was scheduled and backdated with his contact with the bank of Baroda. That was our most fear to make sure that the banks accept in one way or the other the funds as clean and not stolen and we are grateful to God for such opportunity of working with this lawyer even though we paid his charge in full and it was much.

This is the procedure we are sure of but we do not know about the banks procedure of release. I have asked the lawyer severally and he said he cant say for sure but we have nothing to worry about since his contact stands at the helm of affairs in the bank and he has all legal papers nominating you as the beneficiary and signed by the Dubai courts as their procedure determines.

Once I get the documents from the lawyer later tomorrow, I will forward to you. Do let me know too once you get any communication from the bank. We need more effective communication at this time. On what number can you be reached incase there is an urgent need to speak on the phone with you. This is what the lawyer asked me today. Please this is important.

Gary

Fazit:

Plötzlich war Funkstille. Gary war nicht mehr erreichbar. Recherchen haben gezeigt, dass Gary dieses <Geschäft> offenbar mit mehreren Personen angebandelt hat. Kompromittierende Berichte stehen im Internet. Gut nur, dass hier keine Zahlungen erfolgt sind.

Kapitel 9
Frau Eidenhardt spendet USD 120 Millionen

Da kam eines Tages ein Mail mit sehr emotionalem Inhalt. Ein Banker namens Phil Cox schrieb, dass er von einem Kunden beauftragt worden wäre, nach ihrem Ableben ihr Vermögen an eine humanitäre Organisation zu übergeben. Er hätte vernommen, dass es ein <Children Care Center> Projekt gäbe, das er der schwerkranken Frau Eidenhardt gerne vorstellen wolle. Er bat um die Zustellung einer Broschüre.

An dieser Nachricht ist zunächst nichts aussergewöhnliches festzustellen, ausser dass es sich um eine sehr hohe Schenkung handelt und Unterlagen noch keine mitgesandt worden sind. Herr Cox erhält die CCC Broschüre und die Interessensbekundung an dieser Schenkung.

Zwei Tage später meldete sich Herr Cox und vereinbarte eine Telefonkonferenz für den Nachmittag desselben Tages mit Frau Eidenhardt, deren Aufenthalt in einem Hospiz in London wäre. Sie wäre gerne bereit, ein kurzes Gespräch zu führen.

Pünktlich zur festgelegten Zeit rief Herr Cox an und gab das Telefon an Frau Eidenhardt. Sie bekräftigte ihre Absicht, dem CCC Projekt eine Chance zu geben und ihr Vermögen für dieses grossartige Projekt zu verwenden. Sie bestätigte auch, dass Herr Cox ihr Vertrauter sei, der Manager in der Silicon Valley Bank in London wäre, wo auch ihr Vermögen verwaltet würde. Herr Cox meldete sich nochmals und teilte mit, dass er die notwendigen Formulare zustelle.

In einem weiteren Mail kamen dann die Formulare der SVB, die ausgefüllt wieder zurückgesandt wurden. Es gab über Wochen einen intensiven Mailverkehr, Dokumente wurden hin und her gesandt.

Dann kam die Mitteilung, dass Frau Eidenhardt leider verstorben sei. Es wäre jetzt wichtig, dass der Transfer so bald als möglich ausgeführt werden könne. Für diesen Transfer müssten noch EUR 21'550.00 bezahlt werden.

Doch die Abklärungen liessen bald erkennen, dass es sich bei dieser Geschichte um einen Betrug handeln müsse. Deshalb wurden die Kontakte eingestellt.

Nun, nach 2 Jahren, kam Herr Cox wieder per Mail und stellte die Frage, was mit dem Vermögen geschehen soll, das ja auf den Schweizer Begünstigten lautete. Man hat Mr. Cox gebeten, einen LOC der Silicon Valley Bank und einen Kontoauszug dieser Bank zuzusenden. Er hat beide Dokumente nach 2 Tagen zugestellt. Der Betrag auf dem Konto ist etwas kleiner geworden. Die grundsätzliche Frage ist jedoch, ob diese Dokumente nicht etwa doch Fälschungen seien. Nur die Abklärung bei der Bank selbst wird es an den Tag bringen. Die Silicon Valley Bank in London hat jedoch auf die Anfrage nicht reagiert. Eines scheint sicher zu sein, einen Mr. Phil Cox gibt es bei dieser Bank. Er ist mit Bild auf der Webseite aufgeführt. Nur der Mr. Cox, der sich per Mail gemeldet hatte, ist mit Sicherheit nicht der Mr. Cox, der in der Bank arbeitet. Der falsche Cox ist ein Fälscher und Betrüger!

Kapitel 10
Der dreiste Fall des <Dr. Kojo>

Die Präsentation des <Children Care Center> Projektes ist in den 16 Staaten der ECOWAS auf grosses Echo gestossen. Alle Staaten sind begeistert von diesem neuen Projekt für ärmste Kinder in diesen Ländern. Der ganzheitliche Ansatz war besonders gelobt worden.

Nach 3 Wochen meldete sich ein <Dr. Kojo> per Mail bei der liechtensteinischen Firma, die das CCC Projekt betreute. Dr. Kojo bezog sich auf das CCC Projekt. Er teilte mit, dass die ECOWAS USD 60 Millionen als Starthilfe bereit gestellt hat und er der Beauftragte wäre, dieses Geld zu transferieren. Seinem Mail fügte er eine Kopie des ECOWAS Zertifikates bei, sowie seine Personendaten und eine Reisepasskopie.

Dear Dr. XY

Here is my (CIS)

First Name	: David
Last Name	: Kojo
Title	: Mr.
Profession	: Banker
Position	: Financial Controller (ECOWA
Citizenship	: Ghanaian

pleases of : **Kumasi, Ghana**
birth

Date of : **4 March 1949.**
birth

Home : 117 Oxford Street; 00233 *Accra,*
address

Home phone/Fax
No: Fax -+233 0
302 228089 email
address:
drkojodavid@gmail.c
om__Mobile No :
+233 29090821.

Office address: *Ecowas* Contract and
procurement Board, Plot 26 New Air Port
Road,P.O.Box M61 *Accra- Ghana,*West
Africa

Passport Number: :
HO872415<0GHA0709821M1506341<
passport date of issue : 24/11/2010.

Passport Expiry Date: 15/11/2015.

ATTENDED SCHOOLS:

Primary Schools: **Adu Memorial**
Junior High School (Accra) Junior
Secondary: Accra Grammar School
Accra North

Senior Secondary: Labone Senior high school
(Kumasi Ghana).

Universities: <u>Ghana Institute of Management and Public Administration</u> (Accra).

Thanks,

Dr. David Kojo.

Zertifikat und Pass

In einem weiteren Mail hat Dr. Kojo vorgeschlagen, die bei ECOWAS für das Finanzcontrolling zuständige Chefin Mrs. Akwesi in London zu treffen, um das Prozedere persönlich besprechen zu können. Zudem wäre ein Face to Face Meeting auch eine vertrauensbildende Massnahme. Frau Akwesi wäre in der nächsten Woche 5 Tage in London und wir könnten den Termin entweder auf Mittwoch oder Donnerstag legen.

Dies sei ja wirklich eine gute Gelegenheit, jemanden zu treffen, der mit der Materie vertraut wäre. Also terminierten 2 CCC Teammitglieder den Besuch auf Donnerstag. Vereinbart wurde als Treffpunkt die Lobby im Hotel Savoy um 13 Uhr Nachmittags. In der Zwischenzeit haben die Herren auch erfahren, dass Mrs. Akwesi in der nigerianischen Botschaft zu tun hätte und dort auch wohne. Ihre Telefonnummer wurde ebenfalls bekannt gegeben. Man sollte sie anrufen, wenn man in London wäre.

Der Flug nach London verlief problemlos. Die Ankunft war um 9.30 Uhr in Luton, worauf die Herren in einem Taxi zum Hotel Savoy fuhren, und auf der

Fahrt Mrs. Akwesi angerufen hatten. Sie hat das Telefon abgenommen und mitgeteilt, dass sie um 13 Uhr ins Hotel käme.

Die Herren warteten in der Lobby. Um 13 Uhr war Mrs. Akweso noch nicht anwesend. Kann ja sein, dass der Verkehr in London eine Verzögerung verursacht. Als eine halbe Stunde später sie noch immer nicht erschienen ist, haben die Herren nochmals versucht, sie telefonisch zu erreichen. Aber sie war nicht erreichbar. Die Herren haben auf die Combox gesprochen.

Eine Stunde später hat Mrs. Akwesi angerufen und mitgeteilt, sie wäre leider wegen eines wichtigen, aber unverhofften Gesprächs, erst in der Lage um 17 Uhr im Hotel zu sein. Wir möchten dies entschuldigen. Da der Rückflug um 19 Uhr wäre haben sich die beiden Herren entschlossen, den Flug auf morgen zu verschieben und ein günstiges Hotel zu buchen.

Um 17.15 Uhr kam dann Mrs. Akwesi. Sie trug eine grosse Brille mit leicht verdunkelten Gläsern, war auffällig gut gekleidet und trug einigen Goldschmuck. Sie begann das Gespräch mit der Vorstellung ihrer Person und ihrer Funktion in der ECOWAS. Dann leitete sie über zum CCC Projekt und zog dafür eine CCC Broschüre aus ihrem Case. Als erstes wollte sie wissen, wie dieses Projekt begonnen werden soll. Die Herren gaben ausführliche Informationen. Sie zeigte sich sichtlich zufrieden und betonte, dass die USD 60 Millionen in den nächsten 3 – 4 Wochen transferiert werden sollten. Man bereite in Abuja, der

Regierungsstadt Nigerias, die offiziellen Dokumente vor, die für den Transfer unabdingbar wären.

Mrs. Akwesi warnte schliesslich vor kriminellen Gruppen, die leider immer wieder auftreten und mit falschen Unterlagen versuchten, an die Gelder zu kommen. Es könne deshalb nicht ausgeschlossen werden, dass die Herren nochmals nach London kommen müssten, um die Originaldokumente persönlich in Empfang zu nehmen.

Kein Problem, erwiderten die Herren und verabschiedeten sich von Mrs. Akwesi. Diese ergänzte noch, dass man sich an <Dr. Kojo> halten solle und keine andere Mailkorrespondenz in diesem Fall annehmen solle.

Zurück in der Schweiz berichteten die beiden Herren dem CCC Team über das Treffen. Allerseits war man zufrieden mit dem Ausgang.

Ein Tag später meldete sich <Dr. Kojo> und teilte mit, er hätte vernommen, dass das Treffen mit Mrs. Akwesi gut verlaufen sei. Er wäre froh, dass nun der erste Schulterschluss getan worden wäre und beide Seiten einander etwas kennengelernt hätten. Er betonte gleichzeitig, dass Mrs. Akwesi eine sehr gute Mitarbeiterin der ECOWAS wäre, die bereits über 20 Jahre für die Organisation tätig wäre. Er kündigte des weitern an, dass er mit der Ausstellung der Zertifikate befasst wäre und sich bezüglich der Kosten in Kürze wieder melde.

Die Woche darauf, kam per Mail die Mitteilung, dass die ersten Zertifikate EUR 26'850.00 kosten würden. <Dr. Kojo> sandte auch die Bankkoordinaten, die für die Zahlung verwendet werde sollen. Das CCC Team hatte für alle administrativen Kosten ein Budget von EUR 80'000.00 festgelegt. Eine Schätzung, die auch von Mrs. Akwesi bestätigt worden war.

Nach Zahlung kamen die Kopien der Dokumente mit dem Hinweis, dass die Originale persönlich in London übergeben würden, sobald alle vorhanden wären. Soweit so gut, man wartete also auf die nächste Ankündigung von Dokumenten und die damit verbundenen Kosten.

Nur wenige Tage später erreicht das CCC Team ein Schreiben mit horrenden Kosten von USD 111'000.00. Ja richtig gelesen. Was verbirgt sich dahinter?

Ein Anwalt klärt ab, weshalb eine solche hohe Forderung gestellt wird. Die Recherche endet damit, dass dieses Schreiben offensichtlich eine gekonnte Fälschung ist. Das CCC Team konfrontiert <Dr. Kojo> mit diesem Ergebnis der Recherche. Dieser stellt sich unwissend, als hätte er davon keine Kenntnis. Er bat ihm das Schreiben zusenden, damit er nach dem Rechten sehen könne.

In der Tat hat er sich gemeldet und betonte, dass das Schreiben keine Fälschung wäre. Wer überhaupt zu einer solchen Behauptung käme? Das CCC Team teilte ihm mit, dass ein Rechtsanwalt vor Ort die Prüfung vorgenommen hätte.

Da kam eine unerwartete Wende in diese Geschichte. Es meldete sich eine Informatikspezialistin aus Lagos, die schreibt, sie könne diese Betrügereien nicht länger mit ihrem christlichen Glauben vereinen, und deshalb wolle sie das CCC Team informieren, dass der <Dr. Kojo> in Wirklichkeit Mr. Asamoah hiesse und ein sehr professionelles Team an Betrügern als deren Boss führen würde. Das Team wäre extrem gut ausgerüstet und technisch an der Spitze. Das Volumen an Betrugsgelder übersteige USD 10 Millionen im Jahr. Die Organisation wäre tätig in Lagos, London, Paris, Abu Dhabi und New York.

Sie führte weiter aus, dass diese Leute sämtliche Arte von Dokumenten fälschen könnten – auch Kontoauszüge von Banken auf deren Originalpapieren mit Wasserzeichen. In der Datenbank wären tausende von Logos, Briefköpfen und Unterschriften vorhanden, die je nach Zweck verwendet werden könnten.

Eine an sich unglaubliche Geschichte, deren Ausgang aber ebenso unglaublich ist: es wird wahrscheinlich niemanden gelingen, diese Kriminellen je zu fassen und deren Handwerk zu stoppen.

Die Frau, die diese Informationen gab, hat in einem ihrer Vornamen den sinnreichen Begriff <Hope>. Ja, Hoffnung ist auch in diesem Fall das Letzte, was stirbt

– die Hoffnung nämlich, dass dieser hochprofessioneller Betrüger mit seiner gesamten Equipe und Infrastruktur doch eines Tages gefasst wird – als Mr. Assamoah!

Kapitel 11
Fatales Spiel mit existenten Banken –
am Beispiel der BOA

Die Bank of Africa ist ein veritables Bankinstitut, dessen Auftritt im Internet und bei den Drucksachen sträflich missbraucht werden. In diesem Kapitel wird gezeigt, wie Kriminelle Gruppierungen vorgehen, die sich auf die Bank of Africa spezialisiert haben. Das Beispiel betrifft die Bank of Africa an der Côte d'Ivoire.

Das Beispiel gipfelt in einer Zusammenfassung der wichtigsten Aktivitäten, die sich hartnäckig über zwei Jahre hinzogen, trotz zahlreicher Aktionen gegen die <Imposters>.

Womit fing alles an?

Einmal mehr stand ein humanitäres Projekt im Mittelpunkt. Die Elfenbeinküste gehört auch zur ECOWAS, und so erstaunt es nicht, dass jene <Imposters> Kenntnis darüber hatten und diese Kenntnis dazu nutzten, in ein einseitig gewinnbringendes Geschäft zu kommen.

Die ganze Geschichte begann vor 2 Jahren. Ein Banker der Bank of Africa an der Elfefenbeinküste meldete sich per Mail und teilte mit, dass die Bank über Gelder verfüge, die für humanitäre Zwecke verwendet werden könnten. Er berief sich auf die Broschüre zu den Children Care Centers und schlug vor, mindestens 2 CCC Campuses an der Elfenbeinküste zu erstellen. Bei Interesse sollte sich das CCC Team melden und über ihn die entsprechenden Prozedere abwickeln.

Das CCC Team meldete sich bei Mr. Aka Water und bekundete sein Interesse, verlangte allerdings zuerst einschlägige Unterlagen der Bank. Die ersten Unterlagen wurden zugestellt.

Das CCC Team hat immer wieder Bestätigungsbriefe angefordert, die auch prompt geliefert wurden.

Für die geleisteten Zahlungen wurden auch immer Quittungen ausgestellt und per Mail zugesandt.

Der Weblink

http://www.boaabj.com/online_banking.html

war auch aktiv und führte direkt zum Online Banking. Auf der Seite <Contact us> sind die persönlichen Daten von Mr. Aka Water aufgeführt. Ein Rechtsanwalt aus Abidjan hatte mitgeeilt, dass eine Mrs. Mariam Coulibaly in der Bank arbeite.

Trotzdem kamen Zweifel auf, denn der Transfer wurde immer wieder verzögert. Gründe dafür wurden zwar angegeben, aber ob sie plausibel waren oder nicht, konnte nicht mit letzter Gewissheit eruiert werden. Die Problematik war vor allem, jemanden vor

Ort zu finden, der seriöse Abklärungen durchführt. Selbst Anwälte sind in den Regionen nicht über alle Zweifel erhaben, wenn es um relativ viel Geld geht.

Mr. Water war andererseits immer telefonisch erreichbar und hat die Dokumente geliefert, nach denen gefragt wurde.

Nach weiteren Wochen kam eine unverhoffte Wende. In einem Mail schrieb Mr. Water, dass die Behörde die Funds konfiszieren wolle, wenn die letzte Zahlung nicht innert 72 Stunden erfolge. Die entsprechenden Schreiben und ein Formular zum Ausfüllen hat Mr. Water beigefügt.

Das CCC Team hat entschieden, den Betrag von EUR 12'000.00nicht mehr zu zahlen und teilte dies Mr. Water mit. Der erwiderte, er wolle eine bessere Lösung mit den Behörden aushandeln.

Ein entsprechendes Schreiben kam einige Tage später von einer Behörde. Da hier die Adresse und der Weblink aufgeführt waren, hat das CCC Team an diese Behörde geschrieben und gefragt, ob das beigefügte Schreiben von ihnen stamme. Wenige Stunden später kam die Antwort, die bestätigte, dass dieses Schreiben gefälscht war.

Mr. Water wurde mit dieser Antwort konfrontiert, sagte aber, dass diese Behörde aus Diskretionsgründen jede Anfrage negativ beantworte. Diese Aussage war wenig glaubhaft. Er bot an, dass man mit dem Unterzeichner des Briefes im Amt persönlich sprechen könne und gab seine Telefonnummer. Das CCC Team machte von diesem Angebot Gebrauch und rief diesen Herrn an. Der Telefonanruf wurde entgegengenommen. Auf der anderen Seite meldete sich ein Herr mit unzweifelhaft verstellter Stimme, die offenbar durch einen Filter einstellt wurde. Nach kurzer Zeit wurde das Telefongespräch abgebrochen.

Mr. Water erkundigte sich, ob wir mit Mr. XY gesprochen hätten. Es wurde ihm mitgeteilt, dass das Gespräch wegen Leitungsstörungen abgebrochen zu haben. Er meinte, man solle ihn unbedingt nochmals anrufen. Dies wurde auch getan, mit demselben Effekt: es meldete sich wieder ein Mann mit komplett entstellter Stimme. Ein Beweis, dass dieser Mann nicht die Person war, die im Amt arbeitet. Es kann durchaus eine weitere Person sein oder aber es ist Mr. Water mit entstellter Stimme!

Also ist definitiv davon auszugehen, dass unter dem Decknamen einer seriösen Bank kriminelle Personen mit gefälschten Dokumenten und Webseiten grosse Betrügereien begehen – sogar unter Bezugnahme auf humanitäre Projekte, die ihrem Land zugutekämen.

Doch die Zahlungsforderungen gehen weiter und enden in einem Mail, in dem angedroht wird, dass bei Zahlungsausfall das Transfergeschäft gestoppt wird, wie auch die Kontakte. Ein einfaches Muster, um sich durch die Hitertüre wegzuschleichen, in der Meinung,

dass die Schuld ja dann beim Zahlungsunwilligen läge.
Hier das finale Mail im Original.

Von:	"Water Aka" <wateraka14@ya hoo.com>	08.06.2018 12:42
An:	Mr. YZ	
Cc:	Mr. XY	

Dear Mr. XY, Mr. YZ,

I received your mail, I am here now to tell you that if you people did not send this 4000 euros then we should forget about this fund because there is nothing i can do anymore. Thanks and i will never call you again for this issue.

Thanks

Mr Water Aka

Fazit:

Mr. Aka Water ist offensichtlich ein gewiefter Betrüger, genauso wie Mrs. Mariam Coulibaly, die mit ihm zusammenarbeitet, eine Betrügerin ist. Sie hat die Identität der echten Mrs. Mariam Coulibaly angenommen und betreibt ihr Unwesen unter diesem Namen. Wie sie in Wirklichkeit heisst, weiss niemand.

Nach all dem was man über derartige Betrügereien weiss, können die Namen der Akteure durchaus gefälscht sein. Vielleicht reicht das Netzwerk des <Dr. Kojo> auch bis in die Elfenbeinküste. Dank der Internetverbindungen wäre dies kein Problem. Bleibt einzig zu hoffen, dass diese Betrüger irgendeinmal gefasst werden. Die Chancen sind äussert gering, denn sie operieren permanent unter anderen Namen und betreiben ihre Betrügereien in Internet Cafés, so dass sie kaum je identifiziert werden können. Am ehesten könnten sie über die Kontoinhaber eruiert werden, die Gelder von Bank zu Bank erhalten haben.

Was ist bei der BOA Ghana los?

Die Bank of Africa wird aber nicht nur an der Elfenbeinküste sträflich missbraucht. Die BOA Ghana mit Sitz in Accra wird ebenfalls für Betrügereien genutzt. Wie denn das zu und her ging, Sie lesen es gleich hier.

Derselbe Begünstigte erhielt ein Mail von der Bank of Africa in Ghana, in dem er aufgefordert wurde, endlich seine Reaktivierungskosten von EUR 5'000 zu zahlen, damit die Funds auf sein Konto transferiert werden könnten. Dieses Mail kam von einem Officer des International Remittance Departments. Der Empfänger durchaus skeptisch durch verschiedene Vorfälle in der jüngsten Vergangenheit schrieb dem Bank Officer zurück und forderte von den Bank einen <Letter of Confirmation> sowie einen neuen Kontoauszug, bevor er überhaupt irgendetwas unternehmen würde.

Drei Tage später erhielt er vom Direktor des Legal Departments die beiden gewünschten Dokumente, einen Kontoauszug und ein LOC, unterzeichnet von 2 Bankbeamten. Er sandte auch seine Staff ID Card, was ja vertrauenswürdig wirkt.

Als Erstes googelt der <Begünstigte> die Webseiten der BOA Ghana. Unter der Rubrik <Management> fand er den unterzeichnenden Mr. Ansah mit Foto. Auch die Bankadressen auf den Dokumenten waren soweit korrekt. Die verwendete Mailadresse war die Adresse, die auf der Webseite aufgeführt war. Dennoch legte der <Begünstigte> die Unterlagen ad acta.

Gut ein halbes Jahr später wandte er sich nochmals an die BOA Ghana unter derselben Mailadresse und forderte nochmals einen Kontoauszug und einen Letter of Confirmation. Erstaunlich war, sein Mail konnte nicht zugestellt werden. Offensichtlich war diese Mailadresse nicht mehr gültig. Also sandte er sein Mail an die offizielle info@Adresse.

Zwei Tage später erhielt er ein Mail von Mr. Ansah, der darüber erstaunt war, dass sich der <Begünstigte> nach so langer Zeit gemeldet hatte. Er erwähnte aber auch, dass das Konto nach wie reaktiviert werden müsse und er die beiden Dokumente zusenden würde.

Bereits ein Tag später hat Mr. Ansah die Dokumente mit neuem Datum zugesandt.

Die Verunsicherung des <Begünstigten> war dennoch nicht aus dem Weg geräumt. Er entschloss sich, nicht mehr darauf einzutreten, nachdem er versucht hatte, auf folgende Fragen eine Antwort zu erhalten.

1. Weshalb sind die beiden Beträge bei BOA Côte d'Ivoire und BOA Ghana identisch?
2. Weshalb ist der Bank Officer der BOA Ghana über seine Mailadresse nicht mehr erreichbar?
3. Könnte nicht ein Zusammenhang zwischen diesen beiden <Angeboten> bestehen, in dem sie aus ein und derselben kriminellen Gruppe stammen?
4. Sind die Dokumente aus den beiden Ländern nicht am gleichen Ort gefälscht worden?
5. Haben sich die Kriminellen nicht einfach den Namen eines in der BOA Ghana tätigen Bank Officers genommen, sein Foto kopiert, eine Staff ID Card fabriziert und von irgendeinem Dokument seine Unterschrift gestohlen?

Diese Fragen tendieren bereits in das richtige Verhalten, Finger weg von solchen fragwürdigen Geschäften. Dennoch hat der vermeintliche

<Begünstigte> nochmals ein Mail an die BOA Ghana gesandt und darin gebeten, man möchte ihm doch mitteilen, ob Mr. Ansah die beigefügten Dokumente ausgestellt hat?

Darauf hat er nie eine Antwort erhalten, was aber auch zeigt, dass nicht einmal die offiziellen Stellen der Bank eine klare Stellung beziehe. Wo bleibt da die angebotene <Fraud Protection> der Banken für all die Leute, die sich vor Betrügereien schützen wollen? Dass die Banken selbst nicht bei manchen Fällen direkt involviert sind, kann nicht ausgeschlossen werden. Besonders das Herausschmuggeln von leeren Vordrucken gegen eine Abgabe von ein paar Dollars gibt eben einen willkommenen Zustupf in jenen Ländern, in denen neben wenig Reichtum grösste Armut herrscht. Dies soll keine Entschuldigung für die Verfehlungen sein, sondern nur eine Feststellung, weshalb solche Betrügereien in jenen Ländern einen guten Nährboden haben. Zahlreiche Regierungen haben zwar der Korruption den Kampf angesagt. Aber ihren Worten folgen eben keine Taten! Wenn sich diese Betrugsmaschen weiter in der Art und Weise fortsetzen und gar ausweiten, dann wird das Internet als grösstes <Betrugsinstrument> für jährliche Milliaden-betrügereien eingesetzt werden. Cyber Kriminalität ist möglicherweise die grösste Betrugsmaschine, die die Welt unbedingt bekämpfen muss.

Kapitel 12
Ein grosses kriminelles Netzwerk
loggt sich ein

Dies ist wohl einer der umfassendsten Fälle aus der jüngsten Geschichte der Cyber Kriminalität. Eine fast unglaubhafte Geschichte, aber sie hat stattgefunden, sowie sie beschrieben wird. Die Namen der Personen aus der kriminellen Gruppe sind so aufgeführt, wie sich diese Personen genannt haben. Es ist aber aufgrund von Recherchen davon auszugehen, dass die Personen unter fremden Namen auftraten und echte Banknamen neben Fantasienamen verwendet hatten. Die perfide Art und Weise, wie diese Personen vorgingen, ist besonders interessant, haben sie doch zum Teil Originalbelege verwendet und im e-banking perfekte Konten eröffnet und entsprechende Sicherheitscodes verwenden lassen. Es muss des Weiteren auch davon ausgegangen werden, dass diese Personen über exzellente Bankkenntnisse und juristische Kenntnisse verfügten. Es sind also zweifellos intelligente Personen, die ihre Fähigkeiten wohl anders auch einsetzen könnten, als sich mit solchen Betrügereien zu beschäftigen. Schliesslich ist auch noch festzuhalten, dass mit hoher Wahrscheinlichkeit in diesem Fall die <Nigeria Connection> auf oberster Ebene das Management dieser kriminellen Gruppe führte. Lesen Sie nun, was vor gut 2 Jahren begonnen hatte und wie diese Geschichte schliesslich endete.

Treuhandfirmen werden des Öfteren von vermögenden Personen angefragt, ob sie Interesse hätten, Teile ihres Vermögens zu verwalten, Firmen zu eröffnen, um über diese Investitionen in Zukunftsprojekte, Start up Firmen oder humanitäre Projekte zu tätigen. Es sind meistens vermögende Personen, die mit ihrem Geld etwas Sinnvolles anfangen wollen. Ein durchaus legitimes Vorhaben in einer globalisierten Welt, in der Anlagemöglichkeiten immer schwieriger ohne professionelle Begleitung erfolgreich getätigt werden können. Aus dieser Perspektive ist der Beginn dieses Falles zu verstehen.

Über einen Telefonkontakt eines Generals im Ruhestand aus Ghana kam die erste Verbindung zustande. Der General hatte wissen wollen, ob er an der richtigen Stelle sei und ob er der Firma mit Sitz in Liechtenstein einen Teilseines Vermögens zur Verwaltung übergeben könne. Er sagte, dass er deshalb anrufe, um mit den verantwortlichen Managern sprechen zu können. Er bat nach diesem ausführlichen und relativ langen Gespräch um die Zustellung der relevanten Unterlagen per Mail. Dass es sich um beachtliche Vermögenswerte handle, hat er nur am Rande erwähnt. Alles in allem ein durchaus gutes und glaubhaftes Gespräch.

Die Firma hat die verfügbaren Unterlagen zusammengestellt und diese Dokumentation per Mail an den General gesandt. Dieser hat sich wenig später gemeldet und mitgeteilt, man möge ihm einen Entwurf eines Treuhandvertrags zustellen, damit er den Text für das <Trust Agreement>, das er notariell beglaugiben liesse, übernehmen könnte.

Nach einer Woche hat der General das <Trust Agreement> unterzeichnet und notariell beglaubigt, zugestellt. Die Vereinbarung war inhaltlich entsprechend dem Entwurf abgefasst. Man konnte davon ausgehen, dass der nächste Schritt bald folgen würde.

Tatsächlich schrieb der General in einem Mail, dass die Asset Manager nun die Verifizierung der Gelder vor Ort vornehmen müsse. Die Gelder wären in einem Security House in Madrid. Man müsste nun dorthin fliegen und sich mit einem Beauftragten des Generals namens Mr. Naskell treffen. Dieser würde dann zum Security House fahren, wo die Gelder geprüft werden könnten. Er, der General, organisiere das Treffen am Flughafen von Madrid. Ma sollte ihm nur die Flugnummer und die Ankunftszeit 2 Tage im Voraus melden.

Also wurde für 2 Personen ein Flug nach Madrid gebucht. Am Treffpunkt des Flughafens wartete Mr. Naskell und führte die beiden Herren direkt zum Security House, das etwa eine Fahrstunde vom Flughafen entfernt war. Dort angekommen, wartete der Eigentümer jener Firma auf uns. Es war ein sehr grosses Lagerhaus, gedacht für Wareneinlagerungen aller Art, auch Wertgegenstände in einem speziell gesicherten Trakt. Dahin gingen die Herren und konnten in einem gesicherten Depotraum die 2 grossen Container öffnen und den Inhalt begutachten. In einer besonderen Tasche waren die Belege, die die Herkunft des Geldes belegten. Nach Einsichtnahme durften die 2 Personen noch 4 Geldscheine mitnehmen, die sie in

Euro wechseln konnten, damit auch die Echtheit des Geldes geprüft ist.

Nach diesem Augenschein wurden die Herren zum Hotel gefahren, denn anderntags war vorgesehen, die Ausfuhrmodalitäten bei den Behörden zu besprechen. Mr. Naskell sagte, er käme um 10 Uhr ins Hotel.

Er kam um 10.30 Uhr und hat sich für die Verspätung entschuldigt. Er hat dann gesagt, er ginge jetzt ins Ministerium, um die Ausfuhr zu besprechen und die entsprechenden Dokumente mitzunehmen. Es war sehr heiss an jenem Morgen und die Herren sichtlich froh, im klimatisierten Hotel bleiben zu können. Kurz vor 12 Uhr rief Mr. Naskell an und sagte, die gesamten Ausfuhrpapiere können gegen Bezahlung von EUR 19'000 erstellt werden. Der Transport müsse allerdings selbst organisiert werden.

Die beiden Herren vereinbarten mit Mr. Naskell, dass er den Betrag in 2 Stunden abholen könne, was dieser auch getan hatte. Er ging die Papiere auf dem Amt holen und gab uns eine Kopie der Ausfuhrbewilligung, das Original müsste er dem Security House übergeben. Die beiden Herren traten ihren Rückflug an und wechselten am Flughafen in Zürich noch die Banknote, die sie mitgenommen hatten. Das ging ohne Probleme.

Nun warteten die Asset Manager auf die nächsten Instruktionen. Auch der General hat sich in der Zwischenzeit gemeldet und berichtet, er hätte gehört, dass die Verifizierung erfolgreich war. Er hätte in der Zwischenzeit auch eine Bank empfohlen erhalten, die ihren Sitz in Amsterdam hätte und bereit wäre, das

Geld in ein Konto zu stellen. Die Bank wäre international aufgestellt, so dass man von dort Transfers auf jede Bank weltweit auslösen könne. Er bot sich an, den Kontakt an die Asset Manager weiterzuleiten.

Parallel kam Mr. Naskell mit der Information, man müsse eine Tax Clearance bezahlen, die etwa EUR 250'000 wäre. Ein Betrag, der den Asset Managern zu hoch war, und vor allem haben sie den General informiert und von ihm verlangt, dass er für diese hohen Vorkosten selbst aufkommen müsse. Er hat vorgeschlagen, dass er die Funds nach Amsterdam transportieren lässt in eine Security Firma, die ihm empfohlen wurde. Für diese Kosten käme er selbst auf.

Eine Woche später meldete sich ein Mr. Kees Adams von der Security Firma in Amsterdam und meldete, die Funds wären bei ihnen eingetroffen. Der General hätte gesagt, die weitere Abwicklung wäre mit den Asset Managern zu koordinieren. Als erstes sandte er einen Depotschein. Dann bat er nach Amsterdam zu kommen und das Prozedere zu besprechen. Es wäre seriöser, wenn man sich persönlich kenne.

Also flogen die Asset Manager nach Amsterdam und trafen Mr. Kees Adams am Flughafen. Sie gingen in die Firma. Dort eröffnete Mr. Adams den beiden Herren, dass sie nun ein Problemlösen müssten. Die Banknoten wären für den Transport mit einem Stempel <INVALID> bedruckt worden. Dieser Stempel müsste nun wieder entfernt werden. Er zeigte aus einem Container die bedruckten Banknoten und führte an 4

Banknoten mit einer Flüssigkeit die Entfernung aus. Dafür hätten sie natürlich entsprechende Maschinen, ergänzte er. Die Flüssigkeit müsse allerdings gekauft werden. Ein Hersteller, der prompt liefere, wäre in Hong Kong. Schliesslich sagte er auf dem Weg zum Fluhafen, dass er den Preis ermittle und per Mail mitteilen würde.

In der Woche danach, kam das Mail mit den Preisangaben. Es waren hohe Preise für diese Flüssigkeiten. Ein Investor hat sich in Anbetracht der im <Trust Agreement> aufgeführten Entschädigungen bereit erklärt, die Kosten zu übernehmen. Es dürfe aber keine weitere Zeitverzögerung geben.

Mr. Adams wurde informiert und sandte die Bankdaten für die Überweisung. Wenige Tage später meldete Mr. Adams, dass die Flüssigkeit in Amsterdam angekommen wäre und der Reinigungsprozess innert 4 Tagen abgeschlossen sei. Die Asset Manager haben nochmals eine Bestätigung von der Firma angefordert und diese auch erhalten.

Drei Wochen später folgte eine unerwartete Überraschung. Die Security Firma forderte für ihre Dienstleistungen und die Lagergebühr einen geradezu unanständigen Betrag von EUR250'000. Die Asset Manager waren keinesfalls bereit, diese Rechnung zu bezahlen. Sie haben den General informiert und der reagierte prompt. Er liess dieFunds nach Ghana transportieren und lagerte sie dort in einem Security House ein. Ob er die Rechnung bezahlt hatte, ist nicht bekannt.

Der General hat nun die Asset Manager aufgefordert, endlich die Funds in die Bank zu bringen und gemäss Trust Agreement die Verpflichtungen zu erfüllen. Er wolle jetzt in Kürze positive Resultate sehen.

Deshalb konzentrierten sich die Asset Manager auf die Suche einer Bank in Ghana oder Nigeria. Einer soliden Bank, die die Gelder annehmen kann, nachdem sie ein non-resident Konto eröffnet hat. Unter Mithilfe zweier Rechtsanwälte, die sich im afrikanischen Bankenwesen bestens auskennen, wurden zwei Banken eruiert, mit denen Kontakt aufgenommen wurde.

Beide Banken sind auch im Internet präsent. Die Zenith Bank in Lagos gilt als seriöse Bank, diealle Bankdienste anbietet. Die Sterling Bank ist ebenfalls eine stabile Bank, die1960 gegründet wurde. Die Kontakte zu beiden waren insofern erfolgreich, als beide zusagten, die Dienste mit ihren Erfahrungen leisten zu können.

<Barrister Peter Griffin> hat sich empfohlen, die gesamten Abläufe zu koordinieren und vor Ort, also in Lagos, mit den Banken zu verhandeln. Er hat sogar vorgeschlagen, die Gelder zu teilen und beide Banken zu berücksichtigen, was eigentlich durchaus vernünftig schien.

Einen solchen Vertrag einzugehen bedingte aber, dass <Barrister Griffin> seine Personalien, Kopie des Reisepasses und seine Staff ID Card zuzusenden. Diese

Unterlagen und Dokumente hat Mr. Griffin umgehend zugesandt. Er teilte auch mit, dass er in der kommenden Woche für einen anderen Klienten nach Lagos müsse und froh wäre, wenn er bei dieser Gelegenheit in den Banken seinen Antrittsbesuch machen könnte.

Die Recherchen ergaben, dass ein Peter Griffin nicht über das Internet auffindbar war. Die Asset Manager haben nachgefragt und erfahren, dass Peter Griffin nicht übers Internet eruiert werden könne, da er vor 2 Jahren von Kriminellen gehackt worden war und er darauf gerne verzichte, dasselbe nochmals erfahren zu müssen.

Von der Sterling Bank hat sich ein Mr. Josh Ferguson gemeldet, der die Sterling Bank Group in Grossbritannien vertritt und als Kundenberater für Firmenkunden zur Verfügung stehe. Seine Assistentin, schrieb er in einem Mail weiter, wäre Mrs. Lola Adams, die am Hauptsitz die Prozesse betreue. Mr. Ferguson sandte die Formulare zur Kontoeröffnung und erwähnte, dass der Transfer der Gelder erfolge, wenn das Konto aktiv wäre.

Der <Papierkram> wurde rasch erledigt und an Mr. Ferguson gesandt.

Parallel dazu hat sich <Barrister Griffin> gemeldet und den Texteiner Vollmacht gesandt. Darin wird er bevollmächtigt, die Transfers von Funds im Namen der Asset Manager zu übernehmen, die entsprechenden Verhandlungen zu führen und Dokumente zu beschaffen. Diese Vollmacht entspricht dem Standard und wurde unterzeichnet an Mr. Griffin zurückgesandt.

Von der Sterling Bank wurden die Eröffnungsdaten des Kontos zugestellt, zusammen mit den Zugangsdaten zum e-banking, das aber laut Zusatzinformation erst aktiv ist, wenn die Funds auf dem Konto gebucht sind.

Nun wurde der General informiert, der sich darüber freute, dass endlich ein Weg gefunden wäre. Er hat sich bereit erklärt, die Funds vom Security House in Accra zur Sterling Bank nach Lagos transportieren zu lassen. Man müsste ihm nur mitteilen, wann die Sterling Bank bereit wäre.

In Absprache mit <Barrister Griffin> wurde der Termin festgelegt. Pünktlich erfolgte die Einlagerung der Funds in die Sterling Bank, die durch einen Agenten der Bank begleitet wurde. Mr. Ferguson hatte unverzüglich den Depotschein zugestellt und mitgeteilt, dass nach Prüfdurchlauf der Betrag ins Konto gestellt würde.

Drei Tage später kam die Mitteilung von Mrs. Lola Adams, dass der Betrag in US Dollars ins Konto gestellt werden konnte. Die Differenz betrug 0.08% des ursprünglich angegebenen Betrages, eine Schwundquote, die durchaus im Toleranzrahmen liegt.

Ein Transfer, der bereits seit über einem Jahr immer wieder zurückgestellt wurde, war mit einem Mal Gegenstand der Diskussion. Wäre es nicht klug, diesen Transfer über die gleiche Schiene laufen zu lassen? Die Asset Manager haben sich mit dem Eigentümer in Verbindung gesetzt, der sichtlich erfreut war darüber, dass es endlich vorwärtsgehen könnte. Er gab jedoch zu bedenken, dass er den Transfer über die Zenith Bank abwickeln möchte, da er den Inhaber dieser Bankpersönlich kenne. Von der Zenith Bank könne aber das Geld in die Sterling Bank transferiert werden, vorausgesetzt, dass das Konto in Grossbritannien geführt werde.

Also wurde <Barrister Griffin> kontaktiert, der mitteilte , dass er nächste Woche in Lagos wäre und einen Besuch in der Zenith Bank vorsehe.

Dem Eigentümer wurde dieses Vorhaben gemeldet, und er war froh, dass nun der Transfer in die Gänge komme.

In der Woche darauf meldete sich <Barrister Griffin> und teilte mit, dass er eine gute Verhandlung in der Zenith Bank gehabt hätte. Die Bank wäre bereit, die deponierten Funds in der nächsten Woche in die Sterling Bank zu transportieren. In der Tat erhielten die Asset Manager die Bestätigung von der Zenith Bank, dass die Funds in die Sterling Bank transportiert wurden.

Seitens der Sterling Bank wurde die Eingangsbestätigung der Funds gesandt mit dem Hinweis, dass nach Prüfung der Funds der effektive Betrag ins gleiche Konto gestellt würde. Zwei Tage später kam die Kontobestätigung. Nun hat sich Mr. Ferguson gemeldet und mitgeteilt, dass nun der Prozess des e-banking aktiviert würde. Er sende die relevanten Informationen schrittweise, damit man diesen Prozess auch Schritt für Schritt durchgehen könne.

Anderntags sandte Mr. Ferguson neben dem Weblink die ersten Codes, die Kunden ID und das Passwort. Damit konnten die Asset Manager das e-banking starten. Sie kamen in das Konto, in dem die beiden Beträge des eingestellten Funds aufgeführt waren. Soweit alles korrekt. Gemäss Anleitung klickten sie jetzt auf <Transfer>, worauf sich eine Maske öffnete, in der nach den Transferdaten gefragt wurde, also danach, wohin ein entsprechender Betrag transferiert werden soll.

Nach vollständiger Eingabe aller Pflichtfelder klickte man auf <weiter>. Da sah man auf dem Bildschirm eine Prozentzahl, die sich von 5% auf 75% drehte, dann stehen blieb, der nächste Klick auf <weiter> führte zur Aufforderung <bitte TC Code eingeben>. Der TC Code wurde aber nicht gesandt. Deshalb hatten die Asset Manager Mr. Ferguson angefragt, weshalb sie den TC Code nicht erhalten hätten. Er sagte, er kläre dies sofort ab. Nur 2 Stunden später hat er angerufen und mitgeteilt, dass der TC Code von der Tax Clearance Stelle käme. Man müsste diesen allerdings kaufen. Die Kosten betrügen EUR 17'500.

Damit hatte niemand gerechnet. Mr. Ferguson wurde nochmals in dieser Angelegenheit kontaktiert. Er sagte, dass dieser Code unablässig wäre, damit die Transfers ausgelöst werden könnten. Also bezahlten die Asset Manager den Betrag an einen Agenten der Sterling Bank. Nur 2 Tage später hat Mr. Ferguson den Code zugestellt.

Der nächste Schritt im e-banking konnte damit ausgeführt werden. Die Daten, die bereits eingegeben worden waren, sind alle noch vorhanden. Die Prozentzahl, die den Grad der Vollständigkeit anzeigt stand auf 75%. Mit dem Klick auf <weiter> ging das Fenster auf, in dem nach dem TC Code gefragt wurde. Nach Eingabe der 8stelligen Zahl und dem Klick auf <weiter> gelangte man auf eine neue Seite, auf der die Prozentzahl von 75% auf 95% hoch ging. Beim nächsten Klick auf <weiter> wurde nach einem neuen Code gefragt.

Sofort wurde Mr. Ferguson wieder kontaktiert. Er sagte, dass offenbar dieser Code dann gefragt wird, wenn Transfers ins Ausland getätigt werden. Er kläre ab, welche Kosten dafür zu zahlen wären. Noch am gleichen Tag meldete er sich und teilte mit, dass die Kosten EUR 11'275 betrügen. Die Asset Manager wollten wissen, ob dies dann wirklich die letzten Kosten wären. Mr. Ferguson teilte mit, dass er dies über <Barrister Griffin> abklären liesse.

Mr. Griffin meldete sich und teilte mit, er könne die Abklärung erst in der nächsten Woche machen, da er noch für einen Kunden im Ausland wäre.

Nun, hiess es abwarten, bis Mr. Griffin zurück war.

In der nächsten Woche teilte Mr. Griffin mit, dass er bei den Behörden vorgesprochen hätte, und diese ihm mitgeteilt hätten, die Kosten wären in der mitgeteilten Höhe zu bezahlen.

Nach Zahlung wurde auch der Code zugestellt. Wieder im e-banking konnte dieser Sicherheitscode eingegeben werden und die Prozentzahl ging von 95% auf 100%. Auf einer nächsten Maske kam die Mitteilung <Your transfer has been successfullly completed>. Also durfte man davon ausgehen, dass der Transfer nun ausgeführt würde. Gemäss Informationen der Sterling Bank dauert eine Überweisung 3 – 5 Tage.

Eine Kontrolle über das e-banking zeigte, dass der Transferbetrag bereits vom Konto abgebucht war. Nach 5 Tagen war der Eingang der transferierten Summe noch nicht auf dem Konto des Empfängers. Deshalb wurde bei Mr. Ferguson angefragt, weshalb der Transfer noch nicht auf dem Empfängerkonto eingegangen wäre. Er sagte, dass er sich sofort kundig machen würde.

Wenige Stunden später rief er an und erklärte, der Transfer wäre <on hold> gestellt worden, also von den Behörden blockiert worden. Nun Wren die Asset Manager sehr beunruhigt, denn es kann doch nicht sein, dass ein Transfer abgebucht ist und dennoch nicht ausgeführt wird. Sie wandten sich an <Barrister Griffin> und ersuchten den, sofort abzuklären, was hier schiefläuft.

<Barrister Griffin> informierte sich gemäss seinen Aussagen bei der Bank of England und teilte mit, es müsse noch eine Zahlung erledigt werden für die Neudatierung der Zertifikate, da diese in der Zwischenzeit leider abgelaufen wären.

Die Asset Manager haben sofort reagiert und Mr. Griffin gebeten, unverzüglich abzuklären, was die Neuausstellung der Zertifikate kosten würde. Mr. Griffin teilte mit, dass die Zertifikate nochmals neu erstellt werden müssten und folglich sich die Kosten auf EUR 42'500 beliefen.

Dies war für die Asset Manager einfach zu viel. Sie haben Mr. Ferguson und <Barrister Griffin> angerufen und ihnen mitgeteilt, dass keine weitere Zahlung erfolgen würde und dass sie eine andere Lösung finden müssten. Diese Ansage war klar, und die beiden haben verstanden, dass es eine andere Lösung geben muss. Siemeinten denn auch, dass man ihnen etwas Zeit geben sollte, damit sie eine passende Lösung anbieten könnten.

Nach gut zwei Wochen meldete sich <Barrister Griffin> und teilte mit, dass sie eine andere Lösung gefunden hätten, die sie auch anderen Kunden bereits angeboten hätten. Die Sterling Bank Group wäre zurzeit damit befasst, durch einen Merger von der BDO Asset and Finance International in London übernommen zu werden. Dies wäre auch in der jetzigen Situation das Beste für die Asset Manager, denn dadurch würden die Funds in eine Offshore Bank transferiert, von der problemlos transferiert werden könne. Die Asset Manager wurden gebeten, ihre Zusage für den Transfer in die BDO zu geben.

Doch die Asset Manager recherchierten zuerst und konnten keine Firma finden, die unter dem besagten Firmennamen registriert ist. Sie haben deshalb <Barrister Griffin> gebeten, zur BDO nähere Auskünfte einzuholen. Dieser hat mitgeteilt, dass ein M. Michael Brooks bei BDO zuständig wäre, der sich bei allen ausländischen Kunden der Sterling Bank melden würde.

In der Tat kam ein Mail von Mr. Brooks, der zunächst mitteilte, dass die BDO die Sterling Bank Group übernehmen wolle, wozu die Verfahren bereits eingeleitet worden wären. Er sandte ein <Merger Agreement> unterzeichnet von 3 Personen, zusammen mit einem Kontoeröffnungsantrag bei BDO.

Nach der Rücksendung des ausgefüllten Antrags kamen die Kontoeröffnungsdaten und die Weblinks zum e-banking. Auffällig war, dass das Layout des e-banking fast identisch war mit dem der Sterling Bank. Einzig das Logo und die Adressangaben waren anders. Die Asset Manger waren sehr verunsichert und forderten Mr. Brooks auf, unverzüglich Stellung zu einigen Punkten, die ihm mitgeteilt wurden, zu beziehen. Mr. Brooks hat alle Punkte beantwortet. Gleichzeitig hatte er auch mitgeteilt, dass Mr. Ferguson nicht mehr zuständig wäre.

Also warteten die Asset Manager noch, bis die Bank definiert würde, die letztlich für den Transfer zuständig sein wird.

Eine Woche später folgte die Information, gleichzeitig mit der Angabe der Kosten, die für den Transfer der gesamten Funds bezahlt werden müssten. Die genannte offshore Bank ist nach Recherchen tatsächlich existent. Die Frage war nun eine ganz andere. Wie sollen die Gelder auf diese Bank transferiert werden, wenn dort noch kein Konto eingerichtet worden ist? Nochmals wurde Mr. Brown angefragt, und er sagte, dass die Funds zunächst in ein Transitkonto gestellt würden und dann, nach Kontoeröffnung, in das persönliche Konto übergeführt würden.

Mit dieser Erklärung waren die Asset Manager überhaupt nicht zufrieden. Sie wandten sich wieder an <Barrister Griffin> und baten diesen den Sachverhalt nun endgültig zu klären. Mr. Griffin meldete sich erst nach einigen Tagen und teilte mit, dass der Merger offenbar nicht bewilligt wurde, und die Behörden eine Untersuchung betreffend Geldwäscherei eingeleitet hätten. Man müsste nun dafür sorgen, dass die Gelder von der BDO in die andere Bank transferiert würden. Gleichzeitig informierte er auch, dass Mr. Brooks nicht mehr zuständig sei.

Die Asset Manager waren über diese Nachricht sehr irritiert und schrieben <Barrister Griffin>, dass sie dieses Spiel nicht mehr länger mitmachen würden. Er solle sich telefonisch melden, damit man eine Lösung finden könne.

Die Überraschung war gross, als sich <Barrister Griffin> am Telefon tatsächlich meldete. Seine Stimme klang verblüffend ähnlich jener des Mr. Ferguson! Dieser wurde mit der Feststellung konfrontiert und erwiderte, er wäre nicht Mr. Ferguson, sein Name wäre Peter Griffin.

Nach zwei Stunden hatten die Asset Manager nochmals angerufen und ein längeres Gespräch über Lautsprecher geführt. Beide Asset Manager erkannten wiederum die Stimme des Mr. Ferguson, der eine unverkennbare Intonation bei einigen Wörtern hatte, an die man sich auf jeden Fall erinnern konnte. Wieder haben wir >Barrister Griffin> mit der Aussage konfrontiert, dass er die Stimme von Mr. Ferguson hätte. Er solle dies endlich zugeben. Hat er getan, in dem er das Telefongespräch abgebrochen hatte und seitdem über jene Telefonnummer nicht mehr erreichbar war.

Offensichtlich hat sich bei diesem Geschäft eine grosse kriminelle Gruppe eingeschlichen, die vor allem durch Hacking des Mails des Generals an die übrigen Daten gekommen war.

Doch die Geschichte ist noch nicht zu Ende. Der Eigentümer der Gelder, dieauf der Zenith Bank meldete sich erneut und berichtete, dass die Funds wieder von der Zenith Bank zu Montgomery Security Vaults zurückgenommen wurden. Man könne jetzt einen direkten Transport nach Europa organisieren.

Der zweite Inhaber meldete sich ebenfalls und erklärte, die Funds wären jetzt bei ihm in Sicherheit. Man könne sie in Accra abholen und endlich die Punkte im Trust Agreement erfüllen.

Die Asset Manager haben auf beide Informationen nicht reagiert, denn eine solche Odyssee ein zweites Mal erleben, muss unter allen Umständen vermieden werden. Ob die beiden Inhaber der Vermögen nicht die Initianten der ganzen kriminellen Gruppe sind, wird wohl nie mit Bestimmtheit erfahren werden. Zu komplexsind die Vernetzungen, zu fragwürdig all die Namen, unter denen kommuniziert wurde.

Fazit:

Diese Geschichte ist eine der umfassendsten Arbeit einer kriminellen Gruppierung, die ihre Tätigkeit von Lagos, London und Accra aus koordiniert hatte. Traurig einmal mehr, dass darunter wieder ein humanitäres Projekt leiden musste. Die Frage sei gestattet: weshalb verbringen so viele Personen ihre Zeit mit solchen krimnellen Aktivitäten? Weshalb hat man ihnen das Handwerk nicht schon längst lahmgelegt?

Kapitel 13
Fälscher an den Pranger.

Fälscher und Betrüger, also sogenannte Scammer, werden zwar auf einschlägigen Scamseiten im Internet aufgeführt. Tausende von Namen sind in Listen enthalten. Doch wird selten zu diesen Namen aufgeführt,weshalb sie in dieser Liste stehen. Die Autoren dieses Buches gehen einen anderen Weg. Sie wollen, dass diese Personen mit all den Daten, mit denen sie an diesen kriminellen Handlungen beteiligt waren, aufgeführt werden. Darunter sind auch diese Personen, die Gelder für fingierte Dienstleistungen empfangen haben, sei es über eine Money Transfer Organisation oder über eine Bank.

Die Autoren wissen aber nicht, ob die Namen, unter denen die Personen handelten, auch echt sind. In einigen Fällen konnte dies ermittelt werden, der grösste Teil bleibt jedenfalls schleierhaft. Dennoch gehören alle diese Personen, die unter eigenem oder fremden Namen agieren, an den Pranger gestellt.

Es sind dies gemäss Nennung in den einzelnen Kapiteln folgende Personen:

Kapitel 2:

Mr. Jeremy Angus – Unicorn Finance Services

Mailadresse: info@unicornfs.com

Barrister Peter Griffin

Mailadresse: barristergriffin@counsellor.com

M. Carlos Jose – Banque Populaire
Mailadresse: banquepopulaire@hotmail.com

Mrs. Diana Laws
Mailadresse:

Kapitel 3:

Dr. David Damer S. D.
Mailadresse: Ghanafinanceminister22@minister.com

Kapitel 4:

Mr. David Brown – Anfild Trust Bank
Mailadresse: david.brown@anfildtrust.com

Mr. Paul Rees – Risk Managemnt
Maladresse 1: paul.rees@lcasglocal-broker.com
Ailadresse 2: info@multlrisk.com
Mr. Paul Simms
Mailadresse: paul.sommsfrancis@gmail.com

Mrs. Susan Green

Mailadresse: susgreen51@gmail.com

Kapitel 5:

Barrister Desmond McLaughlin

Mailadresse:barrdesmondmclaughlin@hotmail.com

Kapitel 6:

Herr Mike Grohmann – Präsident FAF

Mailadresse: mike.grohmann@yahoo.com

Kapitel 7:

Mr. Elwaleed Abdelrahman

Mailadresse: elwaleedainvestment@gmail.com

Mr. Rasheed Olaoluwa

Adresse: UBA in den Dokumenten enthalten

Mr. Alfred Lopez – La Caixa

Mailadresse: remittance_department@infocaixa.info

Kapitel 8:

Captain Gary Mann

Mailadresse: marinecaptaingarymann@gmail.com

Mr. Sanjay K. Tiwari
Mailadresse: eservices@bobaroda-uae.com

Kapitel 9:

Mr. Phil Cox
Mailadresse: info_svb@accountant.com

Kapitel 10:

Dr. David Kojo
Alle Daten im publizierten CIS, siehe Kapitel Dr. Kojo

Kapitel 11:

Mr. Aka Water
Mailadresse: wateraka14@yahoo.fr

Mrs. Mariam Colibaly
Mailadresse: info@bkofaci.com

Kapitel 12:

Mr. Josh Ferguson

Mailadresse 1: joshferguson47@gmail.com

Mailadresse 2: info@sbgrouponline.com

Barrister Peter Griffin

Mailadresse: barristergriffin@counsellor.com

Mrs. Lola Adams

Mailadresse: accounts.department@financier.com

Mr. Michael Brooks

Mailadresse: customercare@bdoassetfinance.com

Ms. Joana F. Dickson

Mailadresse: jdickson@execs.com

Kapitel 14
Prüfkriterien zur Echtheitsprüfung von Dokumenten

Mit dem Wechsel von der postalischen zur E-Mailsendung von Dokumenten wird es schwieriger, die Echtheit solcher zu prüfen. Dieser Kriterienkatalog kann eine Hilfe sein, trotz der zahlreichen hochwertigen Graphiksoftware der Echtheit von Dokumenten auf die Spur zu kommen. Der Kriterienkatalog nimmt aber nicht in Anspruch, vollständig zu sein, denn die Entwicklung von Internet und Softwareprogrammen bleibt nicht stehen. Dennoch ist der Kriterienkatalog sicher nützlich, weil er einen gedanklich so führt, dass sehr viele Aspekte geprüft werden können, an die man vielleicht gar nicht erst denkt.

Entstehung von Dokumenten

1. Dokumente sind immer eine Kombination aus analogen Vorlagen (Vordrucken aus Bogen- und Rollenoffset) und der Verwendung von Schreibprogrammen, mit denen Texte gestaltet werden, die digital auf das analoge Papier gedruckt werden.
2. Dokumente können auch komplett digital erzeugt werden, wenn zum Beispiel Kopf- und Fusszeilen elektronisch erfasst wurden und als Druckvorlage genutzt werden können.
3. Dokumente können in Ausnahmefällen von analogen Vorlagen, z.B. handschriftlichen

Papieren, fotografisch erstellt und in verschiedenen Formaten gespeichert werden.

Kopf- und Fusszeilen

1. In Kopf- und Fusszeilen werden die sog. Briefköpfe erstellt. Ein Briefkopf enthält in der Regel das Firmen- oder Behördenlogo, die Abteilung, ggf. die Zweigstelle, die postalische Adresse, oftmals die Telefon- und Faxnummern, Internetadresse, seltener die E-Mailadresse. Im Buch- und Offsetdruck sind diese Angaben sehr konturenscharf und in einer bestimmten Schriftart und einem bestimmten Schriftgrad, immer auf den Millimeter genau, gedruckt.
2. Im digitalen Druck erreichen nur sehr teure Drucker einen annähernd gleichwertigen Ausdruck mit Positionsgenauigkeit über einen millimeterexakten Papiereinzug. Vielfach sind die Ausdrucke verzerrt und die Schriftzeilen mit zu fetten oder ausgefransten Buchstaben wie sie meistens aus Tintenstrahldruckern bekannt sind.
3. Amtsstellen verfügen meistens über qualitativ gute Drucker mit Lasertechnologie, deren Schriftbild feiner abgebildet wird als bei Tintenstrahldruckern.

Folgeseiten

1. Folgeseiten werden häufig aus Sicherheitsgründen paginiert, z.B. Seite 1 von 5 usw. Amtsstellen verwenden oft den Titel eines Schreibens auf den Folgeseiten am Seitenbeginn oben links oder rechts in kleinerem Schriftgrad.
2. Eher selten enthalten Folgeseiten Kopfzeilen wie auf Seite 1, Fusszeilen sind eher gebräuchlich, aber auch nicht zwingend.
3. Modernere Brief- und Formulargestaltungen tragen oft in einem graphischen Feld Logo oder Absender des Verfassers, wobei das Textfeld dann schmaler ausfällt.
4. Folgeseiten mit Absendermerkmalen sind in der Regel schwarz-weiss gehalten.

Textformulierungen

1. Amtsstellen benützen vielfach Textkonserven, in die sie individuelle Textergänzungen einfügen. Werden diese individuellen Ergänzungen in einen laufenden Text eingefügt, so bleiben Zeilenhöhe und Wortfluss gleich wie der Teil der Textkonserve.
2. Werden individuelle Ergänzungen in ein bestehendes Formular eingefügt, sind Zeilenhöhe und Wortabstände nicht mehr formathaltig.
3. Texte in Fremdsprachen sind immer mit Vorsicht zu beurteilen, denn die Übersetzungen aus der Landessprache oder Muttersprache in eine Fremdsprache lässt immer

Interpretationsspielräume offen, die nicht zwingend auf eine Fälschung schliessen lassen.

4. Werden Texte in einer Fremdsprache ausgestellt, wäre es sinnvoll als Fussnote den Vermerk zu erhalten, wie die Übersetzung zustande kam, also das Quellprogramm zu erfahren oder den Namen des Übersetzers aufgeführt zu erhalten.

Besonderheiten bei amtlichen Dokumenten

- Es hat sich weltweit durchgesetzt, dass amtliche Dokumente mit Referenznummern versehen werden.
- In Dokumenten aus englischen Provenienzen werden Dokumente auch mit Wasserzeichen und grafischen Umrandungen erstellt sowie mit Wappen, Landesflaggen und Symbolen, wie z.B. einer Waage als Zeichen der Justiz.
- Manche Rechtsdokumente sind als Apostille mit Textilbändern gebunden oder geheftet, was bei Kopien schwarze Streifen am linken Rand des Dokumentes ergibt.
- Manchen Dokumenten wird eine Titelseite vorangestellt, die immer ein integrierender Bestandteil des Dokumentes ist. Vielfach wird dies bei notariellen Beglaubigungen in afrikanischen Staaten praktiziert.

Unterschriften, Stempel und Siegel

1. In Dokumenten müssen Unterschriften immer handschriftlich eingesetzt werden. Elektronische Unterschriften oder gestempelte sind unzulässig und lassen auf eine Fälschung schliessen.
2. Handschriftliche Unterschriften sind oft unleserlich, weshalb immer unter der Unterschrift der Name, Funktion und ggf. PIN Nummer des Unterzeichnenden aufgeführt werden muss.
3. In vielen Ländern ist das Dokument nur gültig, wenn ein Stempel und ggf. ein Siegel aufgebracht werden. Der Stempel enthält die Bezeichnung der Amtsstelle, der Firma, der Bank oder des Rechtsanwaltes.
4. Stempel müssen in jedem Fall leserlich sein, sind aber kein Garant für die Echtheit eines Dokumentes. Unleserliche Stempel sind aber ein Indiz für eine Fälschung.
5. Siegel können meistens nicht auf deren Echtheit geprüft werden, da der Siegelinhalt in den meistens Fällen auf Kopien nicht ersichtlich ist. Hier schafft nur das Original Klarheit.

Notarielle Beglaubigungen

* In den meisten Fällen sind notarielle Beglaubigungen lediglich Bezeugungen, dass die Unterschrift von einer identifizierten Person geleistet wurde, ohne dass der Inhalt damit beglaubigt wäre.

- Beglaubigungen müssen durch Notariatsstellen ausgeführt werden.
- Es wird dringend empfohlen, die einschlägigen Verzeichnisse der Anwaltsverbände (Bar Association) zu konsultieren, die im Internet für jedes Land verfügbar sind. Überdies ist es empfehlenswert, wenn der Anwalt/Notar seine ID Card zur Verifizierung sendet.
- Es muss aber vermerkt werden, dass manche Anwälte nicht überprüfbar sind, da keine Einträge von ihnen gefunden werden können. In diesem Fall immer Finger weg.

Wie Dokumente gefälscht werden können

1. Jedes Dokument ist zuerst ein Original, das auf analoger und/oder digitaler Basis erstellt wurde. Es wird entweder per Post in Papierform zugestellt oder auf elektronischem Weg per Mail in einem bestimmten Datenformat, z.B. als pdf file. In Original muss nicht zwingend echt sein, denn es ist ja nur ein Ausdruck eines gespeicherten Dokumentes.
2. Professionelle Fälscher nehmen ein Analogdokument und scannen dies ein, wobei meistens ein Dokument in pdf entsteht.
3. Dieses pdf file wird dann in ein beschreibbares Format (doc, docx, rtf mit einem handelsüblichen Konversionsprogramm umgewandelt.
4. Im beschreibbaren Format ist der Text nun als Fliesstext verfügbar und kann beliebig abgewandelt werden. Allerdings lassen sich

kleine Ungenauigkeiten mit und ohne Lupe
feststellen:

- Schriftschnitt differiert bei eingesetzten
  Wörtern
- Schriftart ist nicht identisch, z.B. Tahoma statt
  Verdana, Helvetica statt Arial, Garamond statt
  Letter Gothic oder Baskerville Old Face statt
  Times New Roman
- Wortabstände differieren zwischen Urtext und
  Neutext
- Sonderzeichen in Fremdsprachen sind auffällig
  grösser oder kleiner als vergleichbare im
  Ursprungstext.
- Zeilenabstände sind nicht über den gesamten
  Text gleich.
- Zeilenumbruch zeigt Trennungsfehler oder
  abgeschnittene Wörter, da der Randabfall bei
  umgewandelten Formaten mit dem
  Ursprungsdokument nicht identisch ist.
- Kompliziertere Namen und Orte werden nicht
  über den gesamten Text gleich geschrieben.
- Kopfzeilen mit Logos und
  Organisationsbezeichnungen sind leicht
  verzerrt und im DIN A4Format nicht
  millimetergenau platziert. Überdies lassen sich
  Farbabweichungen gegenüber den Logos, die
  auf Internetseiten veröffentlicht sind,
  feststellen.
- Fragwürdig sind vor allem Kopfzeilen, die
  identisch einem Banner im Internet sind.

Fälschung von Unterschriften

1. Unterschriften werden oft als Bildmarke in ein Dokument einkopiert, wobei die millimeterexakte Höhe und Breite sehr schwer zu treffen sind.
2. Unterschriften mit Faserstiften eignen sich besonders gut zum Kopieren, sind aber auch ein Indiz dafür, dass es sich um Fälschungen handeln könnte; denn die wenigsten Leute unterschreiben mit Faserstiften.
3. Unterschriften, die in schwarz eingefügt sind, müssen kritisch betrachtet werden; denn die wenigstens Leute unterschreiben mit schwarzer Farbe, Üblich sind Blautöne in allen Farbstufen.
4. Unterschriften mit Stempel werden auch als Bildmarke einkopiert, denn es ist kaum machbar, dass die Unterschrift und der Stempel von einender getrennt werden können. Je nachdem, ob der Unterzeichnende zuerst unterschreibt und darüber den Stempel setzt oder ob der Stempel zuerst gesetzt und dann unterzeichnet wird, erfährt die Unterschrift Modifikationen, z.B. kleine Unterbrüche, wenn der Stempel nachträglich gesetzt wird.

Fälschungen von getönten Papieren und Prägedrucken

1. Dokumente, insbesondere Zertifikate von Behörden sind oft mit einem besonderen Flächendruck präventiv vor Fälschungen geschützt. Häufig verwendete Varianten sind:

- Wasserzeichen zentriert, meistens einfarbig
- Rahmen aus verschiedenen Dekors, ein- und mehrfarbig
- Logoabwandlungen flächendeckend bedruckt
- Rahmen und Flächendekors kombiniert
- Prägedrucke aus Prägetiegeln sind durch die Erhöhungen und Vertiefungen der Papieroberfläche besonders geschützt. Prägedrucke werden auch anstelle von Siegeln auf Dokumenten verwendet, die von den Herausgebern als besonders gesichert werden sollen. Leider sind aber auch diese Dokumente nicht fälschungssicher, dennoch aber weit schwieriger zu fälschen als blosse Flachdrucke.
- Hologramme sind ein weiterer Schutz von Originalen, die jedoch nicht häufig verwendet werden.

Alle diese Schutzdrucke sind in der Regel im Buch- und Offset- wie auch in Digitaldruck auf Blankopapiere gedruckt, die dann mit dem entsprechenden Text überschrieben und in Laserdruckern ausgedruckt werden.

- Die Praxis zeigt jedoch, dass auch diese Art von behandelten Papieren nicht zwingend Originale sein müssen, denn häufig werden diese Blankovordrucke entwendet und von gewieften Fälschern gekauft und für Fälschungen genutzt. Ein solches Dokument erweckt den Anschein, ein Original zu sein, da Vordruck zweifelsfrei echt ist, jedoch der Inhalt frei gefälscht wurde, oft mit den Schriftarten und Schriftstärken, mit denen auch echte Originale erstellt werden.

- Damit solche Falsifikate Echtheitscharakter erhalten, wird häufig ein Stempel eingedruckt mit der Bezeichnung <Originalkopie> oder <Approved> oder <Confidential>. Fälscher lassen hier ihrer fast grenzenlosen Fantasie freien Lauf.

Fälschung von Firmen-/Behördennamen

A. Weniger geübte Fälscher schreiben oft Logos falsch, in dem sie nicht die echte Schriftart oder die Logomasse und die richtige Farbe verwenden.

B. Desweitern werden häufig falsche Abteilungen und Adressen eingesetzt.

C. Auch Telefonnummern und andere Kontaktdaten werden falsch aufgeführt.

D. Die Namen der Unterzeichnenden werden vielfach aus Internet-verzeichnissen übernommen, sind also als Namen echt, aber der Unterzeichnende hat keine Ahnung, was er unterschrieben haben soll.

E. Die echten Unterschriften werden von irgendwelchen Dokumenten übernommen, eingescannt und in die Fälschungen einkopiert.

Als Bildmarke lassen sie sich beliebig verkleinern und vergrössern.

Fälschungen von notariellen Beglaubigungen

A. Notarielle Beglaubigungen sollten entweder auf der Rückseite des Dokumentes sein oder auf einem separaten Blatt mit Kopf- und Fusszeile des Notars.

B. Problematisch sind die Beglaubigungen, die am Fusse des Dokumentes angebracht werden und meistens nur aus Unterschrift und Stempel, ggf. noch Siegel, bestehen.

C. Genau wie bei allen anderen Daten können auch Beglaubigungen konstruiert werden.

D. In jedem Fall kann eine Prüfung nur über persönlichen Kontakt Gewissheit über die Echtheit bringen.

E. Die Konsultation des Notariatsregisters ist unumgänglich.

Fälschungen von E-Mailadressen

Die Cyberkriminalität ist derart weit verbreitet, dass auch E-Mailadressen gefälscht werden können. Die Fälschungen sind u.a. folgende:

A. Eine offiziell bei einem Domainprovider registrierte Domainadresse kann von Fälschern 1:1 bei einem unseriösen Domainprovider angemeldet werden, wobei hierbei keine IP-Adresse hinterlegt werden muss. Demzufolge kann der Antragsteller nicht verifiziert werden. Dadurch wird es möglich, Mails mit scheinbar korrekter Mailadresse zu erhalten. Scheinbar, denn dahinter verbirgt sich eine andere Person, als der Name darauf schliessen lässt. Beispiel: ramon.perez@hsbc.com. Die Person, die sich hinter dieser Adresse verbirgt, heisst weder Ramon Perez noch ist die Bank HSBC involviert. Nur ein persönlicher Kontakt kann Klarheit schaffen.

B. Mailadressen mit info@.... Sind mit Skepsis zu betrachten, denn in offiziellen Stellen sind meistens die Personennamen vor dem @ aufgeführt.

C. Häufig wird auch mit Pauschalbezeichnungen wie <@accountant.com>, <@servicedepartment.com> oder <@financedepartment.com> operiert. Die Stammadresse muss auf jeden Fall aus der Webseite der Firma oder Behörde entnommen werden.

Wie sicher sind weitergeleitete Mails?

Mails, die von Dritten weitergeleitet werden, sind keinesfalls fälschungssicher. Die weiterleitende Person kann nämlich die Mailinhalte ändern – Wörter löschen, ganze Textpassagen löschen und andere Wörter oder Texte einsetzen, ohne dass der Empfänger dies erkennen kann. Es ist deshalb ratsam, solche weitergeleiteten Mails mit Skepsis zu betrachten.

Mit besonderer Vorsicht sind kopierte Mails zu betrachten, denn sie können in Textverarbeitungs-programmen beliebig verändert werden. Gewiefte Fälscher nutzen dieses Verfahren und senden den veränderten Taxt dann als Foto oder pdf Datei. Keine Garantie bei dieser Prozedur.

Etwas mehr Sicherheit erhält man, wenn das Mail in seiner Ursprungs-version direkt ausgedruckt und der Ausdruck fotografiert oder gescannt und als Foto oder pdf file gesandt wird. Bei diesem Verfahren werden Kopf- und Fusszeile miteinander ausgedruckt, sind also auch in den Zeilenabständen formathaltig.

Fälschungen von Internet Websites

A. Gewiefte Fälscher können von originären Websites Links zu gefälschten Websites erstellen, die auf den ersten Blick gar nicht als Fälschung erkannt werden.

B. Auf diese Weise operierte z.b. die amerikanische Botschaft in Accra, Ghana, die 10 Jahre lang nicht als Fälschung auffiel.

C. Auch Zugänge zu Konten in Banken sind nicht vor Fälschungen gefeit.

D. Vielfach ist die Domainanmeldung leider auch nicht aussagekräftig, da Domains auch von Dienstleistern für Firmen angemeldet werden können und Provider nach einem Jahr gewechselt werden können.

Fälschungen von Telefonnummern

Die moderne Technik macht es möglich, Telefonnummern auf dem Display des Empfängers anzugeben, die nicht identisch mit der Nummer des Anrufenden sind. Die entsprechende Software ist im Internet verfügbar.

- Betrüger können demzufolge jedermann glauben lassen, dass sie von einer Telefonnummer anrufen, die z.b. zur Amtsstelle gehört.

- Betrüger können aber auch unter dem Namen einer anderen Person anrufen. Ausser der Stimme gibt es dafür kein anderes Identifikationsmerkmal während eines Gesprächs.
- Wer unerkannt bleiben möchte, benützt eine Nummer mit amerikanischer, englischer, polnischer, ungarischer, deutscher, russischer, arabischer oder französischer Vorwahl – zuweilen melden sich solche Personen unter mehreren solcher Nummern. Will man sie zurückrufen, erfährt man die amtliche Mitteilung <Diese Telefonnummer ist nicht in Betrieb>.
- Manche Personen unterdrücken die Telefonnummer, so dass auf dem Display <unbekannt> oder <restricted> erscheint. Kennt man Stimme nicht, sollte man solche Gespräche gar nicht erst führen.
- Will man sich dagegen absichern, empfiehlt es sich, ein Erkennungswort zu vereinbaren, nach dem vor jedem Gespräch gefragt wird.
- Telefongespräche können auch gehackt und damit mitgehört und mitgeschnitten werden.
- Eine neue und sehr perfide Masche ist das einhaken in Gespräche, bei denen der Hacker auf dem Display des Empfängers eine andere Nummer anzeigen lässt als die des Anrufes. Diese Fantasienummer ist aber nicht registriert und kann auch nicht zurückverfolgt werden.

Fälschungen kompletter Identitäten

Kriminelle Gruppierungen legen sich seit etwa 10 Jahren komplett gefälschte Identitäten zu wie zum Beispiel

- Anwaltskanzleien mit kompletten Websites darin aufgeführt die Serviceleistungen, Mitarbeiter, Kontaktformular.
- Sogenannte <Solicitors> bieten Erbschaften an, für die sie einen Erbberechtigten (Next of Kin) suchen, über den sie dann die Erbschaften vorgeben abzuwickeln.
- Genauso perfid sind Personen, die sich als Bankangestellte melden und jemanden suchen, der für einen ihrer Kunden eine Erbschaft oder Vermögen übernehmen will. Vielfach werden damit familiäre Geschichten verbunden, die Bedauern erwecken und Hilfsbereitschaft provozieren sollen.
- Reisepässe von Verstorbenen oder gestohlene Pässe werden von Personen übernommen, die sich unter dem, im Pass aufgeführten, Namen melden.
- Aus <scam photographs> können Porträts von Tausenden fremder Personen in Ausweise aller Art kopiert werden. Damit wird die eigene Identität verschleiert. <Scamdigger> zeigt eine unglaubliche Auswahl, die zur Fälschung von Dokumenten verwendet werden.

419 scams nicht über alle Zweifel erhaben

Im Internet finden sich unter der Adresse <419 scams> zahlreiche Artikel, die auf betrügerische Aktivitäten aufmerksam machen. Diese Plattform wird aber auch oft dazu verwendet, jemanden zu brandmarken, bzw. seinen guten Ruf zu schädigen. Viele Beiträge sind jedoch als gute Warnungen gedacht, die einen vor Betrügern schützen können, wenn man solche Kontakte meidet. Es gibt noch eine ganze Anzahl ähnlicher Verzeichnisse, die alle mit Vorsicht zu behandeln sind.

Falsche Eintragungen können nur schwer aus diesen Listen entfernt werden.

Die Masche mit den Kreditkarten

Besonders gewiefte Betrüger nutzen häufig zur Vorspiegelung grösserer Vertrauenswürdigkeit und Glaubhaftigkeit die Systeme der Kreditkarten. Sie bieten für den Transfer von Geldern (meist in USD), die auf irgendeinem Bankkonto im Ausland sei sollen, die Dienste des Bezugs der Gelder über Kreditkarten an. In der Regelsind es ATM oder VISA Karten, die an jedem Bezugsautomaten funktionieren sollen. Für die Herstellung der Karte und deren Versand durch DHL oder FEDEX wird eine Gebühr von ca. EUR 2'800.00 verlangt. Das Prozedere ist danach in beinahe allen Fällen etwa das gleiche:

A. Sind diese sog. Spesen bezahlt, erhält die betreffende Person auch eine Kreditkarte von der Bank, bei der die Gelder in USD auf einem Konto sein oder jedenfalls in ein Konto gestellt werden sollen.

B. Oft ist der Kartendruck von mitelmässiger Qualität, was vor allem im Vergleich mit validen Karten festgestellt werden kann.

C. Im Weiteren fehlt vielfach der dreistellige Sicherheitscode auf der Rückseite der Karte.

D. Mit der Karte oder separat wird der PIN Code geliefert und der Empfänger aufgefordert, einen Testbezug von USD 100 zu tätigen.

E. Erste Überraschung ist, dass in Europa an den Bezugsautomaten keine US Dollars bezogen werden können, sondern nur die Landeswährung und Euros.

F. Die Kartenanbieter ändern dann angeblich die Bezugswährung gegen eine nochmalige Gebühr von EUR 1'200.00.

G. Der abermalige Versuch scheitert jedoch erneut mit dem Hinweis auf dem Display <Dieser Dienst steht für diese Karte nicht zur Verfügung>. Spätestens dann folgt die Erkenntnis, dass diese Karte eine Fälschung ist. Die Betrüger sind dann aber auch nicht mehr erreichbar.

Besonders raffiniert und dreist gehen Betrüger mit dem Kreditkarten-geschäft um, die dafür internationale Organisationen wie die UNO missbrauchen. Sie melden sich mit originären E-Mailadressen von UNO Mitarbeitern und fügen den Mails gefälschte Schreiben auf UNO Papier bei. Auf den ersten Blick sieht alles vertrauenswürdig aus. Kontaktiert man jedoch die entsprechenden UNO Stellen, wird sofort deutlich, dass es sich um Fälschungen handelt.

Echtheitsprüfungen durch Kontaktaufnahme

Die einzige Prüfmethode, die Echtheit von Dokumenten mit Sicherheit attestiert zu erhalten, ist der direkte Kontakt zu den Ausstellern der Dokumente. Alle kriminaltechnischen Untersuchungen mögen noch so genau vorgenommen werden, sie können auf Grund der oben beschriebenen Fakten nicht mit letzter Sicherheit die Echtheit bestätigen. Deshalb sei die Vorgehensweis kurz beschrieben:

- Anruf zum Aussteller und Unterzeichner des Dokumentes unter der auf dem Dokument aufgeführten Telefonnummer. Wird der Kontakt korrekt geschaltet, Frage nach Kenntnis über dieses Dokument, das unter der Referenznummer mit Datum vom ausgestellt und unterzeichnet wurde. Die Antwort folgt unverzüglich.
- Kann unter der aufgeführten Telefonnummer kein Kontakt zustande kommen, ist entweder die Nummer falsch oder die aufgeführte Person nicht an diesem Ort bekannt, bzw. tätig. Damit ist bereits klar, dass es sich um eine Fälschung handelt. Sicherheitshalber kann nun noch über die Kontaktadresse aus dem Internet nachgefragt werden. In fast allen Fällen wird die Fälschung nochmals bestätigt.

- Auch bei notariellen Beglaubigungen kommt man nicht um den direkten Kontakt herum.
- Die Prüfung der Echtheit von Mailadressen und Websites lässt sich ebenfalls nur durch Direktkontakte zweifelsfrei beurteilen.
- Alle Prüfungen sind dann über jeden Zweifel erhaben, wenn man vor Ort recherchiert, die betreffenden Personen trifft, die Dokumente gemeinsam prüft. Da dies oft mit Kosten verbunden ist, kann eine solche Prüfung vor Ort durch einen seriösen Anwalt vorgenommen werden. Die Kosten und der Zeitaufwand sind sicher geringer.
- Wer ganz auf Nummer sichergehen will, veranlasst eine Zweitprüfung durch einen anderen Rechtsanwalt, der nicht in den Dokumenten involviert ist.

Kriminelle Gruppierungen und wie sie arbeiten

Leider haben mit dem rasanten Fortschritt der EDV und den daraus entstandenen Werkzeugen (Software, Fotogeräte, Drucker) sowie den Kommunikationsinstrumenten und Medien-Plattformen grosse Gruppierungen mit krimineller Energie ebenso rasant entwickelt. Zu den bedeutenden Gruppierungen gehören nach Erfahrung des Autors:
- Gruppierungen in Nigeria mit internationaler Verbindung über London, Paris, Abu Dhabi, Singapore, New York, Frankfurt

- Gruppierungen in Ghana mit Verbindungen über London, Vereinigte Arabische Emirate, Gibraltar, Paris, Genf und Zürich
- Gruppierungen in Côte d'Ivoire (Elfenbeinküste), Paris, Benin, Deutschland
- Gruppierungen in anderen ECOWAS Staaten, die Länderübergreifend tätig sind
- Grupperungen in Russland mit Verbindung über Deutschland, Ungarn, Polen, Tschechische Republik, Ungarn, Schweiz
- Gruppierungen in Ukraine, Weissrussland mit Verbindung über Deutschland, Schweiz, Frankreich
- Gruppierungen in China mit Verbindungen über Deutschland, Schweiz, Frankreich und Grossbritannien
- Gruppierungen in Italien mit Verbindung über Schweiz, Frankreich, Spanien
- Gruppierung in Spanien mit Verbindung über USA, Schweiz, Frankreich, Deutschland
- Gruppierungen in Grossbritannien mit Verbindungen über Deutschland, Schweiz, Frankreich, Spanien

Womit sich die Pseudofinanciers befassen

Die oben aufgeführten Gruppierungen befassen sich mit einer breiten Angebotspalette, zu der die folgenden Aktivitäten gehören:

- Commodities (Gold, Silber, Platin)
- Kupferdraht und -Pulver, Nickeldraht
- Vermittlungen zu Ölkontrakten
- Währungstausch (USD in EUR, GBP in EUR, Rubel in EUR)
- Depotgeschäfte in Security Häusern
- An- und Verkauf von irakischen Dinars
- Geschäfte mit Bonds (Chin. Bonds, Petrobras, Venez. Bonds)
- Erbschaftstransfers
- Private Placement Programme über hohe Geldsummen

Wie sich die Pseudofinanciers positionieren

Die Gruppierungen sind immer klar strukturiert und sie positionieren sich stets einmal auf der Verkäuferseite, ein anderes Mal auf der Käuferseite. Ein Mitglied ist immer in Chefposition, daneben sind stets 3 8 Vermittler involviert, die alle auf eine Kommission hoffen nach einem erfolgreichen Abschluss. 99% aller Bemühungen sind jedoch Nullnummern.

Wo sich die Pseudofinanciers treffen

Allen gemeinsam ist, dass sie keine festen Büroadressen haben, sondern sich an den verschiedensten Orten treffen wie:

- Hotels
- Cafés
- Restaurants
- Golfplätze
- Flughafentreffs und Autobahnraststäten

Viele Hotels, Restaurants und Cafés in den Städten erwirtschaften mit dieser Klientel einen ansehnlichen Umsatz.

Fazit

Mögen noch so viele technische Hilfsmittel eingesetzt werden, die Echtheit kann nur mit Verlässlichkeit im persönlichen Kontakt eruiert werden. Dennoch gibt diese Aufstellung einen Überblick über die vielen Arten und Möglichkeiten von kriminellen Handlungen bei der Erstellung von Dokumenten und Anbahnung von Geschäften.

Kapitel 15
Anlaufstellen für Geschädigte

Es gibt verschiedene Anlaufstellen, die denen sich Geschädigte melden können. Die Erwartungen dürfen allerdings nicht zu hoch gestzt werden. Praktisch alle Anlaufstellen können zwar die Daten Fehbarer entgegennehmen, aber sie können keine Geldrückgabe fordern. In fast allen Fällen sind die Konten, auf die Einzahlungen erfolgt sind, bereits in wenigen Stunden nach Geldeingang geplündert und die Konten aufgelöst. Das wissen die Kriminellen natürlich und handeln entsprechend. Oft bleibt als einziger Trost das Sprichwort: Durch Schaden wird man klug!

Dennoch seien hier ein paar wichtige Anlaufstellen aufgeführt, die zumindest dafür sorgen können, dass Betrüger in scam Foren gelistet werden.

A. Handelt es sich um Betrüger aus Europa, sind dieörtlichen Polizeistellen und die Staatsanwaltschaften durchaus gute Anlaufstellen. Sie können auch grenzüberschreitende Aktivitäten auslösen.

B. <www.polizei-beratung.de> ist eine sehr gute Webseite, über die sie in verschiedenen Rubriken mfassende Auskünfte erhalten.

C. <Scamwatcher> ist eine Webseite, auf der man Betrüger namentlich nennen kann. Scamwatcher verfolgt aber nicht aktiv die einzelnen Fälle.

D. <419 scams> ist eine sehr weit verbreitete Webseite, auf der man neben Nennungen von Betrügern auch entsprechende Dokumente publizieren kann.

E. <www.watson.ch> ist eine Publikationsplattform, bei der man in den Rubriken Schweiz oder International ganze Geschichten veröffentlichen kann. Unter diesem Weblink werden auch Betrügereien beiPartnerschaften veröffentlicht.

F. <watchlist-internet.at> ist ein Weblink zu einem Anbieter, der über Scamming, Fallen und Fakten informiert, sowie viele verschiedene Beispiele anführt. Èber einenseparaten Klick kann manseinen eigenen Betrugsfall melden.

G. <www.queryadmin.com> und <www.youtube.com als auch <www.wikihow.com> und <www.comparitech.com> geben die Möglichkeit zu prüfen, ob eine Webseite ein scam ist oder nicht.

H. Auf <www.419eater.com> findet man eine sehr grosse Liste mit aufschlussreichen Informationen.

I. <www.ripandscam.com> bietet sehr viele Listen zu den verschuedendsten Scamarten.

J. <www.scamwarners.com> ist ebenfalls ein umfassendes Hilfsangebot für Gschädigte.

K. Über <www.actionfraud.poöice.uk> kann man Betrüger anzeigen, vor allem wenn diese aus Grossbritannien heraus agieren.

L. Auf <www.actionfraud.org.uk> kann man sich über die Anzeige von Betrügern informieren.

M. Über <www.ageuk.org.uk> kann man einen Betrug anzeigen.

N. Auf <www.informationvine.com> lassen sich verschiedene Webseiten anzeigen, über die man Anzeigen erstellen kann.

O. Die Bank HSBC bietet einen eigenen Service für Betrugsanzeigen über <www.hsbc.co.uk> an.

Da viele gefälschte Bankdokumente mit Briefköpfen, die z. B. von Banken in Ghana stammen, wird an dieser Stelle ein Verzeichnis der wichtigsten Banken in Ghana publiziert mit den relevabten Kontaktdaten. Die Banken in Ghana sind dankbar, wenn Betrüger durch Kontrollen auf der Strecke bleiben.

CLASS 1 BANKING BUSINESS

1. Standard Chartered Bank Ghana Limited

Head Office

High Street

P.O. Box 768

Accra

Tel: 233 302 664591-8

233 302 769210-221

Telex: 233 302 2671 (SCBACC GH)

Fax: 233- 302 667751/663560

Website: www.standardchartered.com

2. Ghana Commercial Bank Limited

Head Office

P.O. Box 134

Accra

Tel 233 302 664911-8

Cables and Telegrams "COMMERBANK"

Telex: 233 302 2034

Fax: 233 302 662168

E-mail: gcbmail@gcb.com.gh

Website: www.gcb.com.gh

3. SG-SSB Limited

Head Office

P.O. Box 13119

Accra

Tel: 233 302 221726/221711/221743

Fax: 233 302 668651/220713

Website: www.sg-ssb.com.gh

4. UT Bank Limited

Head Office

25 B Manet Towers

Airport City, Accra

P.O. CT 1778

Cantonments

Accra

Ghana

Tel: 233 302 783268;783269

Telex: 233 302 2927

Fax: 233 302 232728

E-mail: enquiries@utbankghana.com

Website : www.utbankghana.com

5. The Royal Bank Ltd

P.O Box CT 8134

Cantonment

Accra

Website: www.theroyalbank.com.gh
Email: info@theroyalbank.com.gh
Tel: 0302 213561 – 4
Fax: 0302 213567

6. uniBank Ghana Ltd
Head Office
P.O. Box AN 15367
Tel: 233 302 253696-9
Fax: 233 302 253695
E-mail: info@unibankghana.com
Website: www.unibankghana.com

7. National Investment Bank Ltd
Head Office
P.O. Box 3726
Accra, Ghana
Tel: 233 302 240001-18
Cables & Telegrams: "INVESTBANK ACCRA"
Telex: 233 302 2161 (NIB) GH/2481 (NIB) GH
Fax: 233 302 240034/673124
E-mail: info@nib.ghana.com;

sec@nib.ghana.com

Website: www.nib.ghana.com

8. Agricultural Development Bank Limited

Head Office

ADB House

37 Independence Avenue, Accra

P.O. Box 4191

G.P.O Accra, Ghana

Tel: 233 302 770403; 762104; 783123; 784394

Telex: 233 302 2295/2708 AGBANK GH

Fax: 233 302 784893; 770411

E-mail: adbweb@.agricbank.com

Website: www.agricbank.com

9. Prudential Bank Ltd

Head Office

Ring Road Central

PMB

General Post Office

Accra – Ghana

Tel: 233 302 781200-7

Fax 233 302 781210

Telex: 233 302 2954 PBL GH

Swift: PUBKGHAC

E-mail: headoffice@prudentialbank.com.gh

10. Merchant Bank (Ghana) Limited

Head Office

Merban House

44 Kwame Nkrumah Avenue

P.O. Box 401

Accra-Ghana

TeL 233 302 666331; 666335

Telex: 233 302 2129 MERBAN GH

Fax: 233 302 663398/667305

Telegram: MERCHBANK ACCRA

Website: www.merbankgh.com

E-mail: Merban services@merbangh.com

11. Ecobank Ghana Limited

Head Office

19, Seventh Avenue

Ridge West

Accra – Ghana

Tel: 233 302 681170

Telex: 233 302 2718

Fax: 233 302 680423

E-mail: ecobank@ecobank.com

12. CAL Bank Limited

Head Office

45 Independence Ave

P.O. Box 14596

Accra – Ghana

Tel: 233 302 – 680061 - 680069

Telex: 233 302 2675 ACCEPT GH

Fax: 233 302 231913; 231104

E-mail: calbank@calbank.net

Website: www.calbank.net

13. HFC Bank Ltd

Head Office

Ebankese No. 35, Sixth Avenue

North Ridge, Accra – Ghana

P.O Box CT 4603

Cantonments, Accra – Ghana

Tel: 233 302 242090-2

Tel: 233 302 242090-4

Fax: 233 302 242095

E-mail: hfcomp@hfcbank-gh.com

Website: www.hfcbankgh.com

14. United Bank for Africa (Ghana) Ltd.

PMB 29, Ministries, Accra – Ghana

Heritage Towers, Near Cedi House

Ambassadorial Enclave, Off Liberia Road, Ridge

Accra-Ghana

Tel: 233 302 683526-30

Fax: 233 302 680666

Website: www.ubaghana.com

15. Stanbic Bank Ghana Ltd

Head Office

Valco Trust House

Castle Road

P.O. Box CT 2344

Cantonments, Accra-Ghana

Tel: 233 302 687670-8

233 302234683; 250070-5; 250066-7

Fax: 233 302 234685; 233 21 687669; 233 21

7011591

Telex: 2755 STNBICGH

SWIFT: SBICGHAC

E-mail: stanbicghana@stanbic.com.gh

16. Bank of Baroda (Ghana) Limited

Kwame Nkrumah Avenue, (Next to Melcom)

Adabraka, Accra

PMB 298 AN, Accra

Tel: 233 302 248460

233 302 250072

233 302 667399

Fax: 233 302 248480

E-mail: md.ghana@bankofbaroda.com;

accra@bankofbaroda.com

17. Zenith Bank (Ghana) Limited

Premier Towers

Liberia Road

PMB CT 393

Cantonments

Accra

Tel: 233 302 660075; 233 302 660079; 233 21 660091;233 302 660093; 233 21 660095

Fax: 233 302 660760

Website: www.zenithbank.com

18. Guaranty Trust Bank (Ghana) Limited

25A, Castle Road,

Ambassadorial Area,

Ridge, Accra

Tel:233 302 680662, 680746; 676474

Website: www.gtbghana.com

19. Fidelity Bank Limited

Ridge Towers – Ridge, Accra.

PMB 43, Cantonments,

Accra, Ghana.

Tel: 233 302 214490

Fax: 233 302 678868

Website: www.myfidelitybank.net

20. First Atlantic Merchant Bank Ltd

Head Office

Atlantic Place

1, Seventh Avenue

Ridge West

P.O. Box CT 1620

Cantonments

Accra – Ghana

Tel: 233 302 231433; 231434; 231435;680386

Telex: 233 302 2915 FAMBL (GH)

Fax: 233 302 249697

E-mail: Info@firstatlanticbank.com.gh;

Famb@nsc.com.gh

21. Bank of Africa

Head Office

C131/3 Farrar Avenue

P.O. Box C1541

Cantonments, Accra – Ghana

Tel: 233 302 249690

Fax: 233 302 249697

Website: www.boaghana.com/

22. Banque Sahélo-Saharienne pour l'Investisse ment

et le Commerce (BSIC Ghana Limited)

47 Kwame Nkrumah Avenue,

Glico House – Adabraka,

Accra

P. O. Box CT 1732,

Cantonments,

Accra- Ghana

Tel: 233 302 222394, 233 302 222923, 233 21 242861, 233 302 245062, 233 302 247813, 233 302 248610, 233 302 248734

Fax: 233 302 234490

Email: bsicgh@africaonline.com.gh

23. Access Bank (Ghana) Limited

9 La Tebu Crescent, East Cantonments

P.O. Box CT 1967,

Cantonments

Accra-Ghana

Tel: 233 302-784143; 233 302-781761; 233 21782895

Fax: 233 302 783082

Email: info.ghana@accessbankplc.com

www.accessbankplc.com.gh

24. Barclays Bank of Ghana Ltd.

Head Office

Barclays House

High Street

P.O. Box 2949

Accra

Tel: 233 302 664901-4

Telex: 233 302 2494 (BBGACC GH)

Fax: 233 302 667420

Telegraphic Address: LOCALDOM, ACCRA

E-mail: barclays.ghana@barclays.com

Website: www.barclays.com/africa/ghana/

25. Energy Bank (Ghana) Ltd

30 Independence Avenue

PMB CT 263

GNAT Height

Ridge, Accra

Tel: 233-302 234033-4/234308-9/234336

Fax: 233 – 302 234337

Website: www.energybank.com

26. International Commercial Bank

Limited

Head Office

Meridian House

PMB No. 16

Accra North, Ghana

Tel: 233 302 236136/235684

SWIFT:INCE GH AC

Fax: 233 302 238228

E-mail: icb@icbank-gh.com

27. ARB Apex Bank

Head Office

P.O. Box GP 20321

Accra – Ghana

Tel: 233 302 247633; 250384; 250387

Fax: 233 302 250385

E-mail: apexbank@africaonline.com.gh

Representative Offices

28. Citibank N.A. Ghana Rep. Office

PMB CT 38,

Cantoments,

25 Liberia Road,

Mobil House,

Accra, Ghana.

Tel: 233 21 672593-4

Fax: 233-21 672592

29. Ghana International Bank plc

9th Floor, Cedi House,

Bank of Ghana,

Liberia Road, Accra, Ghana.

Telephone:08456056004
Facsimile: 02072482929
Email: customer.services@ghanabank.co.uk

Andere Quellen zu Informationen über Banken findet man auf den enschlägigen Web seiten der Banken unter der Ribrik <contact us> oder über die länderspe zifischen Listen über Banken.

www.ingramcontent.com/pod-product-compliance
Lightning Source LLC
La Vergne TN
LVHW022339060326
832902LV00022B/4133